株式投資 損したときの処方箋

勝てる投資家は
負け方が上手い
株で勝つための
秘密のルール

島野卓也 著

セルバ出版

はじめに

株の勝ち負けは努力や才能とは無関係

「株の売買をして成功する」、何とも夢のある言葉です。しかし、その夢を叶えることができるのは、わずか数パーセントの「勝ち組投資家」だけです。

ただ、考えてみてください。儲けようと思って株を始めてみたものの、途中で辞めていった投資家を僕は何百人、何千人も見てきました。そんな彼らは、怠けもので勉強もせずに、昼間から遊び呆けているような生活をしていたのでしょうか？　それとも、詐欺師からの安易な誘い文句に乗り、エセ情報を元に売買して損してしまったのでしょうか？　おそらく、どちらも違います。

株で負けた人の多くは、サボることなく努力し、株の売買で勝とうと必死になって取り組んでいたはずです。

しかし、その大半は、数年間、いや10年やっても勝てるようになれないのです。

では、勝ち残ることができている投資家は、努力することなく、ギャンブルの才能があったから成功したのでしょうか？　それとも、誰しも知り得ないような秘密の情報を持っていたから利益を勝ち得ることができたのでしょうか？

こちらも、そうではありません。少なくとも、株はギャンブルのような丁半博打ではありませんし、今時、一般には知り得ないようなインサイダー情報で儲けてしまったら犯罪者として捕まってしまいます。

つまり、株の勝ち負けは、本人の努力や才能とは無関係だということです。

ここで、どのような視点や考え方を持てば、上位数％に入り、株で儲けて、自由なライフスタイルを勝ち取ることができるのか？　その真実を、本書の中で詳しく解き明かしていきます。

この真実を知ることで、努力や才能とは無縁に成功することができるのです。逆のことも言えます。

これを無視し、このまま見過ごしてしまう人は、どんなに頑張って株の勉強をしたところで、最終的に負ける可能性が高くなります。なぜなら、それだけ、この真実には、株式投資の成否を分ける「根源」とも呼べる秘密が隠されているからです。

あなたも、本書で明かす「株式投資の秘密」を知って、勝ち組投資家の仲間入りを果たしてみませんか。

キーワードは、「損切り」

これは、評価損を抱えている株式を「損切り」することだけではありません。今まで、支払い続けてきた儲からない株式投資情報を「損切り」する、今まで、時間を掛けてできた負け組同士の人脈を「損切り」する、こういったことも大事です。

本書では、損切りの大切さを、手を変え品を変えしつこいくらいに、繰り返し述べています。

これを知ったあとは、あなたの「選択」により未来は決まります。

1つは、本書に書かれた真実を無視し、今までと何ら変わらない、徐々に資産が減っていく株式投資ライフを続けるか？　もう1つは、本書で知った真実を元に、株の売買を成功させ、誰もが憧れる投資家として生活するか？

このどちらかしかありません。

このような話をすると、「私は現状維持でいいです」と言う人がいます。しかし残念ながら株式投資の世界において、現状維持という選択肢は存在しません。なぜなら、株式市場は、時代と共に進化しているからです。

株式投資における原理原則は変わらないものの、細部においては、常に進化する株式市場に対応していかないと、勝ち続けることはできないということです。

だから、あなたが株式投資を成功させ、人生を大逆転させたいと強く願うのであれば、今すぐ、本書を買って、集中できる場所に篭り、その内容を一言一句、読んでください。

その第一歩があなたの未来を切り開き、人生を変えることになるでしょう。その証拠に、私はその真実を知ることで、50歳という年齢で、脱サラし株トレーダーになることができました。しかも、他の多くの投資家と違い、企業情報や景気経済といった小難しいファンダメンタル情報を使うことなく、株価チャートだけで成功を勝ち得ることができたのです。それだけこの真実にはパワーがあるということです。

そして、これを知ることで、あなたが今まで信じてきた株式投資の概念が、崩れ落ちるとともに、成果に繋がらなかった理由がハッキリとわかるはずです。

さあ、新しい株式投資ライフの幕開けです。

２０２４年９月

島野　卓也

株式投資　損したときの処方箋―勝てる投資家は負け方が上手い　株で勝つための秘密のルール

はじめに

第1章　騙されたを、卒業する

第2章　常識を疑え

第3章　真の自己責任

第4章　一に損切り、二に損切り

第5章　上級者への道

第6章　自分のルールをつくる

第7章　リスク管理の重要性

あとがき

第1章　騙されたを、卒業する

株で勝つとは

最初に、株で勝つということについて、きちっと定義しておきたいと思います。株は単発で勝つだけなら簡単です。買った株が、上がるか下がるかは、2分の1の確率で起こります。ですので、今回初めて、証券会社に口座を開設し、株を買ってみたという方でも、50%の確率で儲けることは可能です。

しかしその儲けを2回、3回と続ける。半年後も1年後も3年後も10年後も、ずっと勝ち続けるとなると大変です。だけど、ずっと勝ち続けなければ、本当に勝ったことにはなりません。

株は、たとえ途中で大儲けしたとしても、どこかで大負けをしてしまい、今までの資産をなくしてしまうようでは意味がないのです。

つまり最後にお金が残っていなければ、本当の意味で勝ったことにはならない、勝ち続けなければ勝ったことにはならないということです。

株で勝ち続けている人の割合

そういった観点で、株式投資で本当に勝っている人、勝ち続けているという人の割合を考えると、10%もいない、ほんの数%しかいないというのが、30年間株式市場に関わってきた僕の印象です。あなたは、その数%以内の個人投資家になる覚悟はありますか？

このような話を聞くと、「株なんてやりたくない」と感じる人も多いと思います。でも、考えてください。今回このような本質的な内容を知ることで、今までと違う形で真剣に株の勉強に取り組み、自分の資産を守りながら着実に増やすことが可能だということです。

しかし、このような本質を知らずして、何の保証もない株式市場という大海原に放り出された場合、荒波の未開の地では大損する可能性すら考えられます。

なぜなら、勝ち組投資家と負け組投資家とでは、そもそも株式投資に対する考え方そのものが別次元のものだからです。そのため、そういった違いなどを事前に知り、今から備えておく必要があるのです。

これを株式投資をするチャンスと捉えることができるか？

この話を聞いてから２つの考え方をすることができます。それは、こんな大変なら株なんてやらない、今までどおり会社にしがみつき、給料を下げられ、クビに堪える生活を続けるか？

それとも、株式投資をするチャンスがやってきたと捉えるか？　このどちらかだということです。

これは、今回の事例に限ったことではありませんが、物事には、常に複数の見解や見方がありま す。そして、「マイナス」だと感じていたものであっても、角度を変えて見ることで「プラス」にもなり得るのです。だとしたら、可能性のないマイナスな部分にフォーカスするのではなく、プラスな部分に焦点を当て、視野を広げていくことが、あなたの未来の可能性を切り開きます。

このように、「出来事は1つであっても、考え方は複数ある」という視点がない人は、株式投資以外の場面であっても、人生に行き詰まりを感じるようになります。そして、他人の人生を羨み、「自分だけが、どうして不幸なんだ」と卑屈になり、敗北者という烙印を自ら押す生活を余儀なくされるのです。

もちろん人それぞれの人生ですので、あなたがどう生きようと他人には関係ありません。しかし、人生は誰もが平等に「選択できる」のです。しかも、見解次第で、未来をいかようにも変えることができるのです。今、この瞬間にも変えることは可能なのです。

あとは、あなたが「変わりたい」と強く願うかどうかだけです。そして、あなたが瞬きすることなく、真っ直ぐな目をして大きな声で、「変わりたい」と願うのであれば、今からお伝えしていく解決策に目を通してください。

これを知ることで、無味乾燥な詰まらない人生から脱却し、輝かしい自由な生活を手に入れることができるようになるのです。

上位数%の投資家思考を手に入れる

なぜ、株で勝てないのか？　世の中には、努力せずとも株式投資を成功させてしまう人と、寝ずにコツコツがんばってもなかなか成功できない人がいます。では、なぜ多くの人はがんばっているにも関わらず、その努力が報われないのか？

その答えを言う前に、この章では、そもそも何がその差を生み出し、収入の格差やレベルの違いを生み出しているのかということについて触れていきたいと思います。そして、この根源とも言える「違い」さえ初めの段階で把握することができてしまえば、この先、何に取り組んだとしても面白いように成果を実感し、これまで失ってきた時間や、投資してきたお金を取り戻すことができるようになります。

では、早速始めていきます。いきなりですが、質問です。

「株式投資でうまくいかない人の共通点は何でしょうか？」

①才能がない
②スキルが低い
③人脈に恵まれない
④資金が乏しい
⑤情熱が分けている
⑥努力不足

など色々思いついたと思いますが……どれも違います。

なぜなら、多くの人は努力をし、本を読んだり、ユーチューブを見たりと、真面目に勉強しています。そして、知識ゼロの状態で株にチャレンジする無謀なバカと違って、準備に準備を重ね、時間だけでなくお金も費やしてきたはずです。それにも関わらず、株式投資で成功できる人は、ほんのわずかなのです。

「他人の成功事例」を鵜呑みにしてはいけない

では、一体何がその差を生み出し、成否を分けてしまうのでしょうか？　うまくいかない人の共通点。つまり、先ほどの質問の答えは、「他人の成功事例を見て、自分も簡単にできるかのように思ってしまう」ということです。

「そんな人がいるのか？」とあなたは首を傾げるかもしれませんが、この罠の怖いところは、大半の人が知らないうちにハマってしまうということです。その典型例が、巷に出回っている「他人の成功事例」です。

このままではわかりにくいと思いますので、もう少し詳しく説明していきます。

たとえば、インターネットなどを見ていると、「株の稼ぎが毎月の給料を超えました」だったり、「教えられたチャートパターンで大儲けしました」というようなキャッチコピーが、年がら年中、目に飛び込んできます。しかし、その大半が怪しいのは、「たまたま上手くいった方法が、あたかも永遠に続くかのように語られている」からです。

ここでのポイントは、これはあくまで「その人がうまくいった方法が、たまたま、そのときの相場環境にあっていた」ということであって、同じことをやったとしても相場環境が変われば、同じように儲かるとは限らないということです。

さらによくないのは、そこで紹介されている成功事例は、数ある取引事例の中から、最も見栄えのするものが掲載されているということです。少し考えればわかることですが、商品やサービスの案内をする広告で、わざわざ悪い取引事例を掲載する人はいません。そんな販売業者の事情も考えることなく、いざ他人の成功事例を目にすると、あたかも自分も同じようにできてしまうと思ってしまうのです。

つまり、他人の成功事例を、そのまま信じてしまう人は、その背後に隠れている多くの失敗事例を見過ごしているということなのです。

甘い謳い文句に騙されない

株の勉強をする上で、注意しなければいけないことがあります。それは、世の中にある株式投資の手法を教える塾やスクールには、決して公表されない隠された罠があるということです。

もちろん、すべての教材やサービスがそうとは言い切れませんが、その大半は損した部分には一切触れずに、儲けたときの話ばかりをおこなっているのです。

しかし、その受講生の大半は、この手法をマスターしても成果を出すことができません。理由は、株式投資で勝つということの本当の意味を理解していないからです。

以前にも申し上げたとおり、株は単発で勝てても意味がありません。重要なのは、「トータルで勝つ」ということであって、単発的に勝っただけでは、本当に勝っていることにはならないということです。

また、「生徒数やセミナー開催実績、本の出版冊数」というフレーズだけを見た人は、「この先生はスゴイ」と誤解し、意を決して株式投資の学びをスタートさせてしまいます。

しかし、真面目に学び、真剣に取り組んでも一向に稼げません。なぜなら、〝生徒数やセミナー開催実績、本の出版冊数と株式投資の成績とは何の関係もない〟からです。ただ、多くの個人投資家は、そんなことを気にも留めることなく「初心者でも簡単に儲かる」と勘違いしてしまうのです。

株式投資を成功させる秘訣

もしあなたが株式投資で成功したいのであれば、早くて、簡単そうで、楽にできそうな甘い投資情報ではなく、今の自分に必要な「情報」、つまり、知識、経験、スキルを高めるための投資が必要だということです。

これを無視して、早くて、簡単そうで、楽にできそうな情報に手を出してしまうと、時間と労力だけでなく、大切な資産を失う羽目になります。

・貯金50万円からスタートして1億円
・毎年１００万円の配当金がほったらかしで入ってくる
・デイトレードで毎日が給料日

などのよくある株式投資の案内です。

これらの情報はあなたの株式投資をよくするものではなく、単なる甘い謳い文句です。なぜ、そのような滅多にないような成功事例を提示するのか？　それは、多くの情報提供者たちは、豊富な知識を持っている人ではなく、他人任せで、知識に投資することのないカモを相手に焦点を当ててくるからです。だからあなた自身、自らの力で身を守るためにも、今、自分には何が不足し、何を補えばいいのかという「自分視点」を、常に持つ必要があるということです。

そして、この自分視点がない人は、常に隣の青い芝生に踊らされ、成功など夢のまた夢で、借金の返済に追われることになるのです。そういった情報に惑わされるのではなく、そこで提供されている情報が、今のあなたのレベルアップに必要なものかどうか客観的に考えた上で、情報を取捨選択するようにしましょう。

儲け話が向こうからやってくる本当の理由

多くの人が一生懸命がんばっているにもかかわらず、なかなか成功を手にできない理由は、実は「チャンス」というものを誤解していることに起因しています。夢見がちな人々は、チャンスは無料で、誰にでも平等に与えられるものだと考えがちです。

そして、少しでも魅力的な情報に触れると、「これは自分にとって完璧なチャンスだ」と思い込んでしまうことが多いのです。

しかし、情報というものは、その価値が広まれば広まるほど、徐々に陳腐化し、その優位性や希少性を失っていきます。そもそも、スキルや経験、知識が乏しい人のもとに、儲け話が向こうからわざわざやってくることなどまずありません。冷静に考えれば、そのような状況が現実的ではないことはすぐに理解できるはずです。

何も持たない人に、わざわざ儲ける方法を無償で教える理由はどこにもなく、そこには必ず別の意図や目的が隠されているのです。私のビジネスの先生は言いました。資産が10億円になるまでは、本物の情報が自分のもとにやってくることは一度もなかったということです。逆に、そこに行き着くまでは、数多くの詐欺や偽情報が自分のところにやってきて、惑わされ、騙されてきたというのです。

株式投資の勉強を続けていると、少なからず必ずと言っていいほど、怪しい話があなたの周りに集まってくることでしょう。そして、「自分だけは大丈夫」と、多くの人が心のどこかで思ってしまうものです。

しかし、まさにその油断こそが、チャンスという甘い罠に引っかかってしまう最大の原因なのです。

よい儲け話なんて存在しない

少し考えてみてください。現代において、情報は瞬時に世界中に広がります。あなたが受け取った情報が、他の誰も知らないということが本当にあり得るでしょうか？　ほとんどの場合、そんなことはありえません。あなただけが特別によい情報を手に入れていて、他の人たちはすべて悪い情報に惑わされている、という状況は現実的ではありません。

実際、他の人たちもまた、完璧とは言えなくても、あなたと同じような質の情報を受け取っているはずです。現在では、アナリストによるファンダメンタル分析や、チャート分析に長けたチャーチストによるテクニカル分析など、よい情報も悪い情報も、多種多様な情報が世の中に溢れています。それらの情報は今や一般化され、誰もがアクセスできる状態にあります。

それにもかかわらず、「よい情報」に固執する人々は、その執着が実は罠であることに気づけていないのです。

この罠の典型的な例が、「まだ誰にも知られていないニュース」や、「誰も使っていない秘密のチャートパターン」といったものです。こうしたものほど危険なものはありません。

なぜなら、本当に大事な機密情報が、誰もアクセスできるネット上に出回ることはありません。しかし、株式投資で失敗する人たちは、「この情報さえ手に入れれば、自分は勝てる」と誤解してしまう傾向があります。そして、ありもしない幻想に心を奪われ、実際には存在しないチャンスを信じ続けてしまうのです。

冷静に考えればわかることですが、他人には知られていない情報が無料で、自分のような赤の他人のところにやってくることなどありえません。現実は常に厳しく、正直です。結局、夢を妄想するだけの貧乏生活が続き、そして、「いつかは自分も」と言いながら、どんどん膨らんでいく評価損を抱え、毎日その株をどうするか悩む日々が待っているだけなのです。

「騙された」は、卒業する

罠にハマってしまっても、これは甘い謳い文句に騙されたあなたが悪かったわけではなく、世の中の風潮がそうさせてしまっているに過ぎません。

ここでの教訓は、「巷に出回っている本や無料情報では、儲からない」これを肝に命じてください。『資産倍増計画』『株の最強手法解禁』『四季報本命10選』などなど……。このように、あなたの周りには誘惑の罠が渦巻いています。

それらはすべてあなたのためではなく、彼らが儲けたいがためにやっている儲け話なのです。

そもそも本物の金持ちがあなたに無料で儲かる情報を教えてくれることは、ほぼありません。また、残念ながら本当のお金持ちは、見ず知らずの赤の他人とは深くつき合うことをしません。なぜなら彼らは、つき合う人物が自分の収入を決めると知っているからです。

つまり本当のお金持ちは、お金持ち、もしくはその可能性がある人としかつき合わないということが言えます。

ただ、あなたが仮にお金持ちでなくとも、お金持ちが興味を持っているスキルや実績があれば、チャンスはあります。お金持ちは、お金には困っていませんが、その他の面、たとえばビジネス上の問題や人間関係で悩んでいるかもしれません。人間であれば、何らかの悩みを抱えているものです。

あなたが、それを解決できるのであれば、それをお金持ちに与えればいいのです。世の中は価値交換で成り立っているので、無料で与えられた情報だけを奪うような人間は成功者から嫌われます。しかし、逆に価値を提供できる人間は喜ばれるのです。その価値がお金でなくてもいいのです。何度も言いますが、何もない人のところに来るチャンスなどありえません。もし、あなたにスキルや実績がないとしたら、ほぼ間違いなくカモとして狙われている可能性があります。

ですので、この章での教訓を忘れずに、今の自分には何が不足し何を補えばいいのかを、他人視点ではなく自分視点に立ち戻り冷静に判断してみてください。

コラム①／憧れの対象を探し、ゴールを決める

株であれ、どんな世界であれ成功するためには、明確なゴールを持つことが大切です。それには、まだ達成していないゴールをどうイメージし、設定すればよいかを知る必要があります。最初の成功の秘訣は、ここがポイントになります。

その最短の方法は、自分が目指すライフスタイルをすでに手に入れている「憧れの人」を1人見つけ、その人の話を聞くことです。この憧れの対象が、あなたの未来をつくる助けになるのです。憧れの対象は、性別や年齢、職業、収入に関係なく、「この人のようになりたい」と心から思える人物を選びましょう。

ただし、あまりにも現在の自分からかけ離れていると実現は難しいので、「3年後の自分」のような人をイメージするのがよいのです。

その際、必ず「1人に絞る」ようにしてください。ここで、いろんな人のいいとこ取りをしようとする人がいますが、そのような表面だけを真似たツギハギだらけのイメージではゴールに辿り着くことはありません。

「雨垂れ石を穿つ」という諺がありますが、1点集中することで、どんな困難でも成し遂げることができるのです。たった1人に集中することで輝く未来を築けるということです。

もし「そんな人は周りにいない」と感じる場合も心配無用です。テレビや書籍などのメディアを通じて、いくらでも候補を見つけることができます。だから、周りにいないからといって諦める必要はありません。調べれば見つかります。

憧れの人に話を聞くことで、あなたの「欲」が刺激されます。この欲が、成功への原動力となります。なぜなら、ゴールに向かうためにはエネルギーが必要だからです。欲に火をつけ、エネルギーを注げば、あなたは全速力で前進できます。

憧れの人が決まったら、あとはその人を徹底的に真似するだけです。たとえば、同じものを身につけたり、口癖を真似たり、同じ本を読んだり、映画を観たりすることで、その人を徹底的に真似る。自分の考えを捨て、その憧れの人の行動や考えをそのまま取り入れることが、最短で未来を変える秘訣です。

第2章　常識を疑え

勝ったまま辞めることができるのか？

あなたはこれまでに賭け事を経験したことがありますか？　競馬、パチンコ、宝くじなど、世の中にはさまざまな形の賭け事が存在します。おそらく、多くの方が一度は何らかの賭け事に手を出したことがあるのではないでしょうか。

しかし、賭け事において「勝ったまま辞める」というのは、非常に難しいものです。たとえば、ある日、競馬で5万円の利益を得たとしましょう。その翌週、再び競馬場に足を運び、気がつけば5　万円以上を失ってしまった経験はありませんか？

「あのとき、やめておけばよかった」と後悔したことがあるかもしれません。競馬やパチンコ、宝くじなどは、一時的に当たることがあっても、長い目で見ればほとんどの人が負ける仕組みになっています。

なぜでしょうか？　それは、賭け事は勝ったまま辞めることが非常に難しいからです。

一度大きな利益を得てしまうと、「もう一度」「もっと」という欲望が抑えきれず、再び賭けに挑んでしまうのです。この心理は株式投資にも通じます。

株式投資を始めたばかりの人は、大儲けしたらすぐに証券会社から資金を引き出し、株をやめようと考えるかもしれません。しかし、そう考えている初心者ほど、株式投資を辞めることができないのです。たとえば、10万円の利益を得たら次は30万円、30万円を得たら次は50万円と、目標はどんどん膨らんでいきます。50万円、１００万円、３００万円と、株式市場は人を簡単には離れさせてくれません。

人間は一度勝つと、「次も勝ちたい」「もっと勝ちたい」と、欲望に駆られてしまうものなのです。さらに、勝ち続けることで得られる自己満足や社会的な成功感も、人々を株式市場に引き留める要因となっています。これらの感覚は、まるで麻薬のように中毒性があり、一度味わうと抜け出すのが難しくなります。

人間の欲望には限りがありません。賭け事に勝ったときの快感を一度味わうと、その感覚を忘れることができなくなるのです。私も多くの個人投資家を見てきましたが、「勝ったまま株式投資から手を引いた人」を見たことはありません。

だからこそ、勝ち組投資家は、株式投資において「勝つだけでは意味がない」ということを心から理解しています。彼らは、ただ一度勝つのではなく、「勝ち続けること」が最も重要だと知っているのです。

株式市場は努力が報われない世界

株式市場は、まさに努力が必ずしも報われるとは限らない、予測不可能な要素が溢れる世界です。無秩序でありながら、時には規則性があるように見えるため、投資家はその混沌とした世界に魅了され、成功を求めて邁進します。

成功するためには、企業の業績を分析するファンダメンタル分析、株価の動きを読むチャート分析、そして資金を効率よく管理する方法など、さまざまな知識が求められます。

これらをマスターし、すべてを理解すれば、成功が約束されるかのように思えるかもしれません。しかし、現実はそう簡単ではありません。

多くの初心者投資家が経験するように、投資を始めたばかりの頃は、深い知識を持たず、直感的に行動していたほうが結果的によい成績を収めることがあります。リスクを恐れず、直感を信じ、楽観的に投資を行うことで、思いがけない成功を収めることができるのです。

しかし、このような成功は一時的なものであり、長期的には通用しません。やがて損失を経験し、「もっと勉強しなければ」と考えるようになるでしょう。

これにより、初心者は徐々に知識を身につけ、普通の投資家へと成長しますが、この成長過程で大きな壁に直面します。知識を増やしたにもかかわらず、思うように勝てなくなるのです。

なぜかというと、株式投資には絶対的な成功法則が存在しないからです。たとえ多くの時間を費やし、専門的な知識を習得したとしても、それが必ずしも成功を約束するわけではありません。この現実を理解しないまま、さらに深い知識を追求しようとする投資家は、自らの失敗を知識不足に帰結させ、さらなる学習を続けることになります。

しかし、学んだ知識がいつも株価の動きと一致するとは限りません。そのギャップが投資家にとって大きな混乱を引き起こし、損失を受け入れられず、意地を張る結果になってしまうことになるのです。

確かに、時には学んだ知識が役立つ瞬間もありますが、株式市場は予測不可能な動きを見せることが多々あります。過度に知識に依存し、自己過信に陥ることは、かえって大きな損失を招くリスクを伴います。

株式投資において生き残るためには、知識を活用することが重要ですが、知識に囚われすぎることなく、市場の動向に柔軟に対応できる姿勢が求められるのです。

知識に過信して意地を張ることは、破滅への第一歩となりかねないことを忘れてはなりません。

わかっているけどできない

一般投資家が、なぜいつまで経っても一般投資家のままなのか、ご存じでしょうか？　その理由は、「わかっているのにできないこと」が多いからです。

たとえば、投資の基本としてよく言われる損切りや利食いのタイミングは、書籍やセミナーで何度も耳にする内容です。これらは多くの投資家が理解していることであり、「わかっている」ことには違いありません。

しかし、実際の市場でその知識を「使える」かどうかとなると話は別です。

多くの初心者投資家が、最初に大きな損失を出した後、なんとかして損失を取り戻そうとします。このとき、彼らは一生懸命に勉強し、投資に関する知識を身につけます。しかし、その知識を実践で活用できるかどうかが、成功へのわかれ道となります。

いくら勉強して頭で理解していても、実際の売買の場面では、感情に振り回されてしまうことが多いのです。たとえば、損切りが重要だと理解していても、いざその瞬間になると、損失を確定することが怖くなり、なかなか実行に移せないのが現実です。

また、利食いのタイミングも同様です。理論上は利益を伸ばすために、もう少し待つべきだとわかっていても、実際に株価が上がっていると、今すぐ利益を確定したいという欲望に駆られてしまうことが多いのです。

このように、投資においては知識だけでは不十分であり、それを実際の取引に活かすことが求められます。株式市場において正しいと考えられていることは、一般投資家にとって、精神的に辛いことが多いものです。

「株で勝つための常識として、わかっているけどできない」勝ち組投資家になりたいのであれば、学んだことを、実際の売買する際にも、何がなんでもやり遂げましょう。その選択が苦しければ、苦しいほど、一般投資家にはできない正しい選択をしていることになるのです。

株式投資は価格よりもタイミング

株式投資において、期限を重視している人はどれほどいるでしょうか?

事業を経営している方なら、この重要性をよく理解しているはずです。今日必要なお金が、たとえ明日手に入っても意味がありません。極端な例を挙げれば、明日1000万円が入金されるとしても、今日必要な100万円が払えなければ、会社は倒産する危機に陥るかもしれません。

株式投資を始めたばかりの頃、多くの人は「上がるか下がるか」だけに注目しがちです。しかし株式投資をする上で、単に「上がるか下がるか」よりも重要なことがあります。それは「いつ上がるか？」「いつ下がるか？」というタイミングです。この「いつ？」という視点が極めて重要なのです。

確かに、株式投資では、価格の方向性を見極めることは大切です。しかし、どれだけ業績がよい株でも、「いつ上がるか？」「いつ下がるか？」というタイミングを見誤ると、利益を上げることは難しくなります。

買った瞬間に株価が上昇することは稀です。自分が考えたとおりに株価が動くこともそう多くはありません。それでも、株式投資家であれば、「上がるか下がるか」以上に「タイミング」を重視する必要があります。

たとえ業績が悪い株であっても、タイミングが合っていれば、利益を得ることが可能なのです。

本書を読んだあなたは、他の一般投資家よりも、一歩進んで、「どこまで上がるか？」「どこまで下がるか？」だけではなく「いつ上昇するか？」「いつ下落するか？」というタイミングに対する計画を真剣に立ててみましょう。

「いつ？」を考えることは、勝ち組投資家が最も重要視していることなのです。

勝率に対する誤解

初心者の投資家ほど、勝率を過度に求めがちです。確かに勝率が高ければ利益が増える可能性も高まりますが、株式投資の世界で勝率１００％は存在しないことを理解しなければなりません。多くの初心者は「そんなことはわかっている」と言いながらも、勝率が１００％に近いノウハウを探し求めてしまいます。

しかし、現実には「勝率８割」を誇っていたものの、今は市場から退いてしまった元投資家が大勢います。勝率は確かに重要ですが、必要以上に高くすることに意味はありません。

勝率だけを高めたいのであれば、少しでも利益が出れば利食いをし、どんなに評価損が大きくなっても損切りをしなければ、勝率を高めることは可能です。

つまり多くの場合、勝率が高い手法は、儲かるときは小さく、損したときは大きくなることが多いのです。コツコツドカンの典型です。「勝率が高ければ必ず勝てる」という誤解を改めることが大切です。

勝てない投資家ほど、この勝率に対する誤解を抱き、最終的には破滅に向かってしまうのです。

また、理論的に考えると、利食いと損切りの幅を同じに設定すれば、50％以上の勝率があれば、利益が出ます。

しかし、実際に、これをやり続けるのは非常に難しいです。その理由は、人間の本能にあります。

利益を確定するのは気持ちがよいですが、損失を確定するのは苦痛だからです。

このため、多くの投資家は利益確定を早めに行い、損切りを遅らせがちです。それが積み重なり、損金が大きくなるということです。

トータルで勝てばいい

確かに、株式投資をする上で勝率は１つの指標として重要です。しかし、長期的に生き残ることを考えた場合、勝率そのものがすべてではないのです。

株式投資家が相場で生き残るために本当に大切なことは何でしょうか？　それは「トータル損益」です。

当たり前のことですが、勝ち組になるためには、勝ったときの金額が負けたときの金額よりも大きくなければなりません。

たとえば、ある投資家が10回中７回負けて、３回勝ったとしても、その３回の勝ちで十分に損失をカバーし、さらに利益を上げることができれば、その投資家は勝ち組と言えるでしょう。

勝ち組投資家たちは、勝率だけでは株式市場で末長く生き残れないことをよく知っています。株式市場から退場させられた人が、必ずしも勝率が低かったから大損したわけではありません。むしろ、勝率が高い人が多いのです。

では何故、勝率が高いにも関わらず、大損してしまったのか？　それは、ごく当たり前のことですが、勝つ金額よりも負ける金額が圧倒的に大きかったからこそ、大損するに至ったのです。

一度の大きな損失でこれまでの利益をすべて失い、さらに信用取引で追加の保証金を支払わなければならないようなケースがその典型です。

株式投資の世界は非常に残酷です。ほとんどの投資家は、最終的に負けています。実際に、勝率が高くても損切りを先延ばしにしたり、損を取り返そうとして、無茶な売買を続けることで大損をしてしまうことは珍しくありません。

そうならないためにも、常に「勝ったときの金額が負けたときの金額よりも大きくなるようにする」というリスク管理が重要になります。これが確立できた後に、勝率を高くする努力をすればよいのです。

リスク管理が確立されている投資家であれば、勝率が6割程度でも10年後にはまだ株式投資を続けている可能性が高いでしょう。逆に、勝率にばかりこだわり、リスク管理を疎かにしてしまうと、たった一度のミスですべてを失うリスクがあるのです。

結局のところ、投資の成功において最も重要なのは、勝率ではなく、どれだけ損失を制限できるか、負けたときの損失を最小限に抑えることができるかという点になるのです。

「〜そう」で株価は動く

株式投資で勝つためのコツは、情報には、「2つの種類」があることを知っておくことです。

「予想」と「結果」この2つです。

このように言うと、「そんなの当たり前、お前バカか」と思うかもしれませんが、こう思った方は、残念ながら株では負け組に属します。一方、「どういうことですか？　詳しく教えてください」と目を輝かせ、ペンとメモを手にした方は、株で勝つ才能があります。なぜなら、この目の前の情報が、予想なのか？　結果なのか？　どちらかによって、株価の投資判断が大きく変わるからです。

〝予想というのは、あくまで予想で、その先どうなるかわからない〟ということです。おそらく、このままではまだわからないと思いますので、詳しく説明していきます。

ポイントは、「〜そう」です。

たとえば、あなたがネット上で、好業績の株を買ったとします。いい業績だと思って買ったにも関わらず、その後、株価は上がらない。今期の業績30％増益とよかったのですが、来季の業績は、ほとんど変わらなさそうだったのです。

その逆もあります。今期の業績は、赤字と悪かったのに来季は黒字転換しそうだとのこと。その場合、株価が底をついて上昇していくのです。

当たり前のことですが、このように、株価は結果としての数字よりも、予想に対して反応するということです。そして、予想の数字は、先の話なので「本当は、どうなるかわからない」ということを、まずは知ることが基本です。

しかし、株で勝てない人は、この2つの種類の情報を混同し、同じようにアプローチしてしまうため「よい業績だと聞いて買ったのにダメだった」と嘆く羽目になるのです。だから、株式投資を成功させたければ、予想と結果の情報としての扱い方がまったく異なるということを、まずは認識しなければいけません。

では、どうしたらいいのか？　ということですが、

ここで出てくるのが、「〜そう」です。

要は予想というのは、先のことなので、本当にいいのかどうか、わかりません。だから、結果について「あーだ、こーだ」と詳しく調べたところで、意味がないのです。そうではなく、予想には「よさそう」「悪そう」という雰囲気が重要だということです。

そのほかにも、

このチャートの形は上がりそう

この新商品は流行りそう

といった具合です。

予想と結果は、同じ情報でもまったく異なる性質を持ち、見ている視点がそもそも違うということを知らなければいけません。この感覚は、目の前の情報が、結果なのか？　予測なのか？　予測であれば、どのくらい「よさそうなのか？」「悪そうなのか？」日々、考えることで、少しずつ感覚が養われていきます。そこさえ押さえてしまえば、情報に騙されたと嘆くことはなくなるはずです。

なぜ、多くのテクニカル分析を持つと勝てないのか？

次に、株で勝てない人は、たくさんのテクニカル指標を組み合わせれば勝てると誤解しています。

少したとえ話をしますね。あなたがお持ちの携帯電話を想像してみてください。色々な機能がついている優れものです。しかし、あなたは、その機能のすべてを、日々使っているでしょうか？

・電話機能
・メール機能
・電卓機能
・インターネット機能
・カメラ機能

これ以外にも、たくさんの機能が今の携帯には備わっていますが、おそらくあなたは、それらすべてを使うことはしないと思います。たくさん機能があっても、使っているのは、そのうち多くとも5つぐらいだと思います。機能はたくさんあればいいということではなく、自分に必要な機能さえあれば、それで満足だということです。使わない機能があることで、逆に使いにくくなっているとしたら、それは本末転倒です。

これは、株式投資も同じです。株で勝てない人は、すべてのテクニカル分析を組み合わせれば勝率が上がると誤解しています。分析する対象を多く持ってしまうと買いのサインが出ても迷ってしまうことが多くなります。なぜなら、複数のサインにおいて同じタイミングで買いのサインになるとは限らないからです。

Aのテクニカル分析では、売りサインだったものが、Bのテクニカル分析では、買いサインだったりするのです。これでは、投資判断をする際に迷ってしまいます。人は、迷ったら様子見します。必要のないテクニカル分析が複数あると、肝心の買い付けが遅れてしまい、利益が減るか損になる……あるいは、損切りしないといけない場面で様子見し、致命的な状態になる……

それ以外にも、すべてのテクニカル分析で買いサインが出たとします。そんなときの株価は、かなり上がりきった後になり真っ逆様に下がることが多いのです。よく言うチャート上の「騙し」というものです。

株で勝つために本当に必要なテクニカル分析は、1つで十分、どんなに多くても2つあれば十分です。それ以上持つと、投資判断を混乱させるだけになります。

なかなか勝てない人に限って、誰も使ってないようなマイナーなテクニカル分析を使ったり、変わった理論、それらを組み合わせた小難しいものに行き着いてしまいがちです。

何かよい方法はないかと追い求め、テクニカル分析を組み合わせ、小難しくする必要はありません。勝ち続けている人はシンプルなノウハウを使っています。そのほうがいろんな相場に対応できますし、それを元に応用することもできます。ノウハウそのものが廃れることもないので、それを技術として磨き続けることができます。

どんなに細かく分析しても、勝率を100％にすることは不可能です。結局のところ上がるか下がるかは、2分の1でしかないので、複雑な分析は不要です。

何事もシンプルイズベスト。

世の中で流行っている商品やサービスもシンプルです。小難しいものはすぐ消えていきます。最後に残るのはシンプルなものだけです。テクニカル分析は、最低限にとどめておきましょう。

フラット目線を保つ

「株を保有していないときの予想は当たる」。この言葉に共感できる投資家は多いのではないでしょうか？　実際、多くの一般投資家が経験していることです。単なる株価予想をしているときは的中するのに、実際に売買をすると上手くいかない。このギャップは、投資の世界でよく見られる現象です。

なぜこのようなことが起こるのでしょうか。その理由を詳しく見ていきましょう。

実際に株を所有していないときは、誰でも「上がる予想」と「下がる予想」の両方を冷静に考えることができます。プラスの材料とマイナスの材料を慎重に検討し、それらを総合的に判断したうえで、株を買うかどうかを決めるはずです。

しかし、いったん買いのポジションを取ってしまうと、多くの投資家、特に初心者は「株価が上がること」だけを考えるようになってしまいます。これは心理的なバイアスの一種で、確証バイアスと呼ばれています。ネガティブな情報が出ても無視し、ポジティブな情報が出ると安心する。これは典型的な初心者の思考パターンです。

実際にお金を投資していないときは、誰もがフラットな目線、つまり中立的な視点で市場を見ることができます。しかし、一度実際にポジションを持つと、無意識のうちに自分に有利な予想ばかりをするようになってしまうのです。

この心理的な変化こそが、損切りをするべきときに損切りが遅れてしまう最大の原因となっています。損失を認めたくない気持ちが、客観的な判断を曇らせてしまうのです。

ポジションを持っているときでもフラットな目線を保つことができなければ、どれだけ綿密な投資計画を立てても、最終的には感情が株価の変動に振り回されてしまいます。これは、長期的な投資成功の大きな妨げとなります。

実際にお金を投資していないときと同じ「フラット目線」を維持できれば、より多くの利益を得られる可能性が高まります。また、不必要な損失を避けることもできるでしょう。

したがって、ポジションを持っているときも、持っていないときと同様に、フラットな目線を心がけることが重要です。これは簡単なことではありませんが、練習と意識的な努力によって身につけることができるスキルです。

具体的には、次のような方法を試してみてください：

(1)定期的に自分の投資判断を見直す。

⑵反対の意見や情報も積極的に探す。
⑶感情的になっていないか自問自答する。
⑷投資日記をつけて、自分の思考パターンを客観的に分析する。

フラット目線を保つことで、より冷静で合理的な投資判断ができるようになり、長期的な投資成功につながるでしょう。

喜怒哀楽のないロボットになる

勝ち組投資家は、喜怒哀楽を持つことを嫌います。株の売買をする際に喜怒哀楽を持ってしまった時点で、すでに大きなリスクが存在するのです。株式投資で生計を立てる人たちは、喜怒哀楽を持つことがどれほど危険であり、喜怒哀楽を持つことが不透明な株式市場をさらに不透明にしてしまうかをよく理解しています。

勝ち組投資家は、勝っても浮かれることなく、負けても躍起になることはありません。彼らは、まるで単純作業を繰り返すかのように、淡々と株の売買を続けます。どれだけ勝ち続けても、どれだけ負け続けても、彼らには休む必要がないのです。

それは、喜怒哀楽を持つことがないからこそ、心に休息を求める余地が生じないのです。株の売買をする際に喜怒哀楽を持たないことで、冷静な判断を保つことができ、それが長期的な成功に繋がります。

株の売買をする際に喜怒哀楽を持つことは、非常に危険です。

ポジティブな気持ちであれ、ネガティブな気持ちであれ、株式投資において株の売買をする際に喜怒哀楽を持つことは有害です。

たとえば、連勝しているときは気分がよくなり、次も「きっと勝てる」と楽観的なシナリオを描いてしまうかもしれません。大きな株数を張り、さらに大きな利益を狙うというリスクの高い行動に出るでしょう。

一方で、連敗しているときは、悲観的な気分に支配され、次は必ず勝たなければならないというプレッシャーに押しつぶされます。結果的に、わずかな損失にも過剰反応し、適切なタイミングでの損切りができなくなり、株を塩漬けにしてしまうのです。

もし喜怒哀楽に振り回されてしまうのであれば、まずは全ての持ち株を手仕舞い、その後に喜怒哀楽に浸ることをおすすめします。

株を保有している間は、冷静な判断力が必要です。その判断力を鈍らせる喜怒哀楽は、非常に危険なのです。

株式市場では、喜怒哀楽を排し、合理的で計画的な行動を取ることが重要です。

もしあなたが、喜びや悲しみ、幸福や怒りに振り回される「喜怒哀楽を持つ株式投資家」ならば、今すぐにでも「あなたに悪さをする喜怒哀楽」を封印すべきです。

成功する投資家は、喜怒哀楽に左右されることなく、機械のように冷静な判断を下す「喜怒哀楽のないロボット」としての側面を持っています。喜怒哀楽を捨て、常に冷静さを保つことが、長期的な成功への鍵となるのです。

コラム②／お金に好かれる

「お金は人を選ぶ」という言葉を聞いたことがあるでしょうか？　スピリチュアルな話のように感じるかもしれませんが、少し考えてみてください。

お金を大切にすることと、お金を雑に扱うこと、どちらが得をするかを。多くの方は、おそらく「お金を大切にするほうがよい」と答えるでしょう。

現代社会では、科学が発展していても、目に見えないものがたくさん存在しています。見えないからといって、存在しないわけではありません。

たとえば、Wi-Fi は目に見えませんが、私たちの生活には欠かせないものです。また、周波数も目に見えませんが、多くの分野で役立っています。

このように、目に見えなくても存在するものがたくさんあります。

「お金に意思があり、人を選んでいるのか？」という問いには疑問が残るかもしれません。

しかし、逆の立場で考えてみましょう。もし、あなたの家が散らかっていて、雨漏りしているとしたら、その家で快適に過ごすことができるでしょうか？　普通の人であれば、すぐに不快に感じるでしょう。

これはお金も同じです。ボロボロの財布にお札をぐしゃぐしゃにして入れている人を見ると、その人がお金を大切にしていないと感じます。お金を雑に扱う人がよい仕事やよい人間関係を築くのは難しいでしょう。

このように考えると、「お金は人を選ぶ」という考え方が少し理解できるかもしれません。重要なのは、完全に否定する前に、可能性があるなら試してみるという精神です。実際、お金持ちの多くは広い視野を持ち、目先のことだけで判断しません。可能性があるなら、それに賭けることが多く、小さなことも大切にします。

一方で、お金に縁のない人は視野が狭く、目先のことだけで判断しがちです。お金を大切にするという概念がなく、使えれば何でもよいと考えることが多いでしょう。

このような姿勢では、お金に嫌われるのも当然です。人間にたとえるなら、社員を雑に扱う社長が信頼を得られないように、お金も雑に扱われれば逃げてしまいます。

お金持ちが信じる言葉の1つに、「お金を大切に扱えば、たくさんの友だちを引き連れてくれる」というものがあります。お金を大切にする人は、硬貨や紙幣を丁寧に扱い、その価値を理解し、敬意を払います。

そして、お金を大切にする人は、お金の先にあるビジネスや顧客も大切にするでしょう。逆に、お金を雑に扱う人は簡単に人を裏切ったり、逃げ出す可能性があります。

お金の扱い方は、その人の人間性を見極める指標になることを、忘れてはいけません。

第3章　真の自己責任

株式専門家と株式投資家

現代では、インターネットを通じて豊富な情報が簡単に手に入る時代になりました。株式市場に関する専門家のコメントや分析も、すぐにアクセスできるようになり、株式投資家にとっては非常に便利な環境が整っています。

ここでいう株式専門家とは、株式市場で起こった事象に対して解説や見解を提供する人々のことを指します。彼らの話はわかりやすく、説得力があり、時にはユーモアを交えながら解説してくれるため、初心者にとっては安心感を与える存在です。株式市場の知識や経験が少ない投資家にとって、こうした専門家の意見は参考にされることが多いでしょう。

しかし、もしあなたが株価の値動きで利益を上げたいと考えているのであれば、できるだけ早くこれら株式専門家の意見に依存することから脱却する必要があります。

私は証券会社での営業経験を通じて、多くの株式専門家と接してきましたが、残念ながら彼らのコメントは多くの場合、似通ったものばかりです。

過去の株価の動きに対しては流暢に解説をし、説得力がありますが、未来の予測となると、あいまいでどちらにも解釈できるような表現をすることが少なくありません。

株式市場は、投資家1人ひとりの考え方の違いによって動いています。すべての投資家が同じ考えを持っていたなら、株式市場は成立しないはずです。

そんな中、株式専門家の仕事は「株で儲ける」ことではなく、「株式市場について何らかの説明をする」ことなのです。

わからない場合に「わからない」と言いたいのですが、彼らは職務として「何かを話す」ことが求められています。要するに「株で儲ける」ことに重点を置いていないのです。そのような情報を当てにしても、利益を上げることは難しいと言わざるを得ません。

また、よく当たる専門家が必ずしも稼げる投資家であるとは限りません。相場観を描くことと、実際の株式市場で儲けることは似て非なるものなのです。こうした情報を何の疑問も持たずに受け入れているようでは、いつまで経っても勝てるようにならないのです。多くの初心者投資家が、専門家の情報を鵜呑みにして失敗していますが、少数の勝ち組投資家は専門家の意見に反応する一般投資家とは逆の行動を取ることで利益を上げています。

情報の取捨選択は非常に重要です。あなたが普段耳を傾けている専門家の意見は、本当に有益なものなのでしょうか？　今一度、自問自答してみてください。

アナリストに依存しない

世の中には、数多くのアナリストが自身の理論を公開し、多くの投資家に影響を与えています。しかし、アナリストの意見が、必ずしも個人投資家の状況や目標に適しているとは限りません。アナリストは、多くの場合、大手投資機関向けに情報を提供しており、その意見は彼らの利益や戦略を優先したものになりがちです。個人投資家がそれをそのまま採用すると、自分自身の投資目標やリスク許容度とズレてしまうことがあります。

次に、アナリストの分析や予測も完全ではありません。株式市場は非常に複雑で、経済状況や政治的要因、投資家心理など、多くの要素が絡み合っています。そのため、どんなに優れたアナリストでも未来を完全に予測することは不可能です。彼らの意見に依存することは、いわば不確実な要素に賭けるようなものです。

未来の株価を正確に予測できる人などいないのです。何十年も株式市場に関わってきたアナリストでさえ、未来を見通すことはできないのです。もちろん、アナリストたちは勉強熱心で、株式市場に関する知識も豊富です。中には、株式市場についてほとんど知らないことがないほど聡明なアナリストもいるかもしれません。そのため、株式投資の経験が浅い個人投資家が、アナリストをそのまま信じてしまうのも無理はないでしょう。特に投資を始めたばかりの頃は、アナリストの意見に頼るのは、ある意味仕方がないことです。

しかし、アナリストを信じることで、自分自身の判断力やスキルを磨く機会を失っているのです。株式投資で成功するためには、自分自身で情報を分析し、判断する力を養うことが重要です。他人の意見に頼り続けると、いざ自分で決断する必要がある場面で対応できなくなるという後遺症が残ります。一刻も早く、アナリスト依存から抜け出し、自立した投資家になることが、株式投資家として長期的成功をすることになるのです。

すべて自分で決める覚悟

株式投資には、全体の流れを読み、銘柄を選び、買い付け、売り付け、そして株数を決めるという一連のプロセスがあります。

この過程では、投資家は数多くの決断を下さなければなりません。１歩間違えれば、お金が減ってしまうリスクが常にあるため、その決断には相応の覚悟が必要です。

そして株式投資家として成功するためには、これらの決断をすべて自分で行う必要があります。自分の投資判断に対する責任を完全に引き受ける覚悟が求められるのです。

しかし、多くの投資家が、その過程で他人の意見に頼ってしまうことがあります。

特に、経験が浅い投資家は、誰かに頼りたいという気持ちになることがあります。これは自然な感情ですが、もしあなたが本気で成功したいのであれば、早い段階でその依存から脱却する必要があります。

たとえば、連敗が続いているときに、他人のアドバイスを受けて偶然にも利益が出たとしましょう。その瞬間、その人に感謝の気持ちを抱くかもしれません。しかし、その成功体験が、後々大きな落とし穴となってしまうのです。

自分で決断することが怖くなり、その人からのアドバイスなしでは売買をすることができなくなるのです。一度その罠に陥ると、そこから抜け出すのは非常に困難です。

他人の意見に頼ることで、あなたの投資判断はどんどん鈍くなり、自分の直感や分析力を信じる力が弱まっていくのです。

決断する覚悟がない投資家は、どこかの段階で他人の意見を参考にしたくなるものです。特に、買い付けの前、ポジションを保有している最中、または売り付けの際に、その誘惑に駆られます。

しかし、株式投資とは、真に自己責任が求められる世界です。誰かの意見に頼って利益を得ても、それは一時的なものに過ぎません。

真の成功は、自分の決断に対して責任を持ち、それを貫くことで得られるのです。

他人の意見に頼る投資家が、株式市場で生き残った例はほとんどありません。

最終的に成功するのは、すべてを自分で決める覚悟を持ち、その決断に責任を持つ投資家だけです。自立した投資家として、他人の意見に頼らず、自分自身の力で道を切り開いていきましょう。

何が起こってもおかしくない

株式投資に取り組んでいる中で、怒ったり悲しんだりしたことがない人は、ほとんどいないのではないでしょうか？　自分の買った株が、スルスルと下がっていくとイライラし、腹が立ったり、悲しんだりします。株価の値動きに対して常にイライラし、1円値段が逆に進むだけで、チャート画面を睨めつけたりもします。

誰しもが、株価が逆に進めば、悲しいし、腹が立つものです。人間として、それはどうしようもないことです。

しかし、その怒りや悲しみを、株式市場や他人に向けてはいけません。すべて自分が悪いのです。その責任をほかにぶつけるようではいけません。

非常に厳しい言い方をしますが、怒りや悲しみを感じること自体が自分の責任をほかに転嫁していることの証明なのです。今日、明日、もしくは次の瞬間、大震災やショック相場が起こる可能性が０％ではないのです。

初心者は自分が負けたことを、自分以外の人やモノのせいにしたがります。そんな初心者投資家が勝ち組投資家になるためには、「心の底」から自己責任を認識しなければなりません。

口では自己責任云々と言っていても、本当に責任をとっている人ほとんどいません。ほとんどの株式投資家は心のどこかで自分は被害者であると思うときがあるものなのです。

心の底から自己責任を認識している勝ち組投資家は、株式市場でどんな結果を被ったとしても絶対に他のせいにはしません。株式市場では何事も起こり得ることを理解しているからです。

突発的な事件が起これば、あなたは次の瞬間に破滅するかもしれないのです。それでも責任は自分にあると認識できますか？

株式市場は悪くない。何が起きてもすべては自分の責任である。

このことを、本当の意味で理解し株式市場に対する責任を取れたときに、あなたは株式投資をする際に悪影響を与える主観的感情を排除することができるのです。

言い訳は禁物

株式投資家が株を買うときは、保有期間を考慮して予想を立てることが重要です。

例えば、「デイトレなら30分後には上がるだろう」「スイングトレードであれば数日後には下がるかもしれない」「長期投資であれば、3年以内に倍になるはずだ」といった具合に、未来の値動きを予測し、その結果を楽しみに思い描くことがあります。

しかし、このように予想だけに頼っていては、どれだけ株の知識を身に付けても初心者の域から抜け出すことはできません。大切なのは、予想が当たったか外れたかではなく、予想が外れたときにどのように対処するかです。

株で負けてしまい、最終的に株式投資を辞めざるを得なくなった人たちは、予想が外れたから大損したわけではありません。予想が外れたときに適当な言い訳を考えたことが原因で、大きな損失を被ることになるのです。例えば、株価が予想通りに動かず、含み損を抱えたときに、何らかの言い訳をして、短期で売買するつもりだった株を、いつの間にか配当金目的や株主優待狙いの長期投資に切り替えてしまったことはありませんか。

短期投資を長期投資に変更する問題点は、時間が経つほど価格変動リスクが増えることにあります。つまり、短期で得られるはずだった予想利益よりも、長期に持ち続けた結果、損失が大きくなる可能性が高いのです。

このように、初心者投資家は自分の失敗を現実として受け入れるのが難しいものです。「損をしたくない」という気持ちは理解できますが、それを放置していてはいけません。なぜなら、精神的に弱い投資家は最終的に株式市場から退場させられる運命にあるからです。

もし、あなたが株式市場で成功し、真の自由を手に入れたいのであれば、株価が思惑どおりに動かなかったときに、言い訳をする習慣をやめなければなりません。株価が逆行した場合、どんな状況でも言い訳は禁物です。株価は常に正しいのです。言い訳を続けると、それが癖になり、最初に自分で決めたルールを守れなくなってしまいます。

自分自身を長期的に守るためにも、言い訳することなく、決めたルールをしっかりと守りましょう。それが、あなたの成功を支える鍵となるのです。

運任せは、危険

あなたはラッキーで株で儲かったことがありますか？　本来ならば、一度は、負け取引だと思い、損失を出さなければいけないところを、塩漬けという形で放っておいたら、運よく元の価格まで戻ってきて、損しないで済んだ。そういう経験をした人は多いものです。しかし、そのような運任せでは、いつまで経っても勝ち組になることはできません。

多くの個人投資家は塩漬けをよしとします。確かに、先ほどの事例では塩漬けをしたことで損にならなかったのでお金は減りませんでした。そんな彼らは、次の売買でも上手くいかなければ、同じように塩漬けをするでしょう。再び元の場所に戻ってきてくれればいいですが、二度と元の場所に戻ってこなければどうなるのか、彼らはわかっていないのです。

初心者投資家はすべての売買で勝とうとします。しかし、それは不可能です。なぜなら、株式投資には損失は付きものだからです。その必然的に負けるときに塩漬けをしてしまうと、その負けトレードの損失額はトンデモなく大きくなります。これこそ、多くの一般投資家が大金を失ってしまう一番の要因なのです。

あなたが投資家として株式市場で末長く生き残りたいのであれば、運に頼ることは、今すぐに辞めなければなりません。

株式市場というのはよいときもあれば、悪いときもあるのです。勝つこともあれば、負けることもあるのです。運に頼る投資家は、遅かれ早かれ大損することになるのです。

本物の責任感

株式投資だけで生活ができる人は、まさに真の自由を手に入れた人です。

お金があるだけでなく、会社員のように時間に拘束されることもなく、自分のペースで生活を楽しむことができるのです。

たとえば、仲間から突然旅行の誘いがあっても、何の迷いもなく二つ返事でＯＫし、そのまま楽しい旅行に出かけられるのです。株式投資に真剣に取り組めば、お金も時間も、自分の自由に使うことができるという夢のような生活が実現します。

しかし、あなたが本当に株式投資で成功し、お金と時間の自由を手に入れたいと願うのであれば、真の責任感を持たなければなりません。

たとえば、他人の意見をそのまま信じて売買を行い、もしそれが上手くいったら、その人を称賛するかもしれません。しかし、逆に失敗した場合、多くの人はその人を非難し、責任を押し付けようとします。

私がこれまで見てきた多くの投資家が、まさにこのパターンに陥っていたのです。

株式市場は予測が難しく、何が起こるのかわかりません。そのため、他人の意見で売買を行う投資家が、この厳しい市場で生き残ることは非常に難しいのです。真に成功したいのであれば、投資家はすべての投資判断に責任を持たなければなりません。

これは口で言うほど簡単なことではなく、自分1人で決断を下すというプレッシャーは、思っている以上に苦痛であり、投資家としての成長を妨げる可能性さえあります。

しかし、自分の人生をしっかりと見つめ、最初から最後まで自分で決断することができたとき、あなたは本当に自由を手に入れることができるでしょう。それは、他人の意見に左右されず、自分の判断に完全に責任を持つという、本物の責任感を伴った自由です。

こうした責任感を持つ投資家だけが、株式投資を通じて、真の自由と成功を手にすることができるのです。

株式投資は自分を信じるビジネス

株式投資は単なるギャンブルや遊びではなく、他のビジネスと同様に、立派なビジネスの1つです。一般的なビジネスが他人からの「信頼」を基盤として成り立つように、株式投資においても「信頼」は重要な要素になります。

しかし、その「信頼」の対象が一般的なビジネスと異なるのです。通常のビジネスは、取引先や顧客といった他人との関わりが重要ですが、株式投資にはそういった相手がいないのです。取引を行う相手が存在しない代わりに、「信頼」しなければいけない相手は、まさに自分自身になるということです。つまり、株式投資というビジネスは自分自身を「信頼」することによって成り立つということです。

あなたは、他人の情報を鵜呑みにして、大損してしまったという経験はありませんか？　確かに知識のない初心者投資家が、他人の意見を参考にしたくなるのはよくわかります。しかし、自信がないからといって、他人の意見を聞いている間は、真の勝ち組投資家にはなれません。

では、どうすれば自分を信じられるようになるのでしょうか？　それは、日々の研究や学習に他なりません。市場を分析し、銘柄を選び、リスクを計算する。このプロセスを繰り返すことで、自分の判断に自信がついてきます。感覚的に投資を行うのではなく、しっかりと根拠を持って決断できるようになることが重要です。そのために、まず自分に問いかけてみてください。自分の投資判断を信じるだけの十分な研究や準備をしているのか？　答えが「はい」であれば、自信を持ってその一歩を踏み出してください。答えが「いいえ」ならば、さらに深く学び、研究を積み重ねていくことが必要です。自分自身を信じることができる研究や学習をすることによって、株式投資というビジネスは成功に近づくのです。

コラム③／器以上のお金は入ってこない

お金は器に入る水のような性質を持っています。器が小さければ、それ以上のお金は入らず、あふれてしまいます。しかし、多くの人はこの器のことを考えずに、ただ稼ぐことばかりに焦点を当ててしまいがちです。

もし、稼いだお金がなかなか手元に残らないと感じているのであれば、それはあなたの器が小さいために、お金があふれている可能性が高いのです。

よくある例として、宝くじの高額当選者が数年後に破産してしまうケースが挙げられます。これは普通に考えると理解しがたいことですが、現実にはよくある話です。多くの当選者は、得たお金で家や車を購入するなどの大きな支出をしますが、それ以上にお金を使いすぎてしまうことが問題です。

特に、減っていくお金に対する恐怖から、無理な投資や贅沢な生活を続けてしまい、最終的には借金を抱えてしまうのです。

このようなケースは決して少なくなく、実に高額当選者の70％以上が破産するというデータもあります。こうした状況を避けるためには、まず自分の器を見極め、それに合ったお金の管理を行うことが大切です。器が小さいままでは、いくらお金を手にしても、結局はすぐに失ってしまいます。

一方で、先に大きな器を用意しておくと、そこにお金を入れようとする意識が働き、結果としてより多くのお金を得るための努力をするようになるでしょう。

これは、湯ぶねの水をプールに移したときに、水が足りないと感じて追加で水を入れるようなものです。このように大きな器を持つことで、器が崩れることなく、さらに多くのお金を管理する能力が身につくのです。

また、複数の器を持つことで、1つの器に頼らず、リスクを分散させながらお金を増やしていくことも可能です。他人に運用を任せることで、自分の負担を軽減しながらも資産を増やすことができます。

ただし、その器を管理する自分が、小さなことで気にしすぎたり、不安を感じすぎたりするようであれば、一時的に大金を手にしても、それをうまく扱うことは難しいでしょう。

ですから、お金を増やしたい、あるいは管理したいのであれば、まずは自分自身の器を見直し、その器に見合った行動を取ることが重要です。

適切な器を持ち、そこに入れるお金をしっかり管理することで、あなたはお金に振り回されることなく、逆にお金を操り、自分の人生を豊かにすることができるのです。

第4章

一に損切り、二に損切り

勝つことよりも負けないこと

株式投資で安定して利益を出し続けるには、自分に合ったルールを作ることがとても大切です。株式投資で成功している人たちは、皆、自分だけのルールを持っていて、それが勝つための大きなポイントになっています。

逆に、そういった自分にあったルールを持たないと、負けてしまう可能性が高いのです。

私自身も、株式投資で安定して利益を出せるようになったのは、自分なりの「売買ルール」をつくったからです。そのルールが本当に効果的かどうかを、今でも検証し、ブラッシュアップし続けています。この経験から、「自分だけのルールをつくること」が株で勝つための成功の鍵だと確信しています。

言い換えると、「自分だけのルールをつくれるかどうかが、株式投資で勝てるかどうかを決める」と言ってもいいでしょう。

ただし、「必ず勝てる方法」や「絶対に儲かるパターン」を追い求めても、うまくいかないのが株式投資の世界です。そして、私が自分のルールをつくる中で気づいたのは、そうした「儲けるための必勝法」を探すよりも、「負けないためのルール」を追求することのほうが得策だという結論に至りました。

「負けないためのルール」と「勝つためのルール」は似ているようで実は違います。「勝つためのルール」は、どうやったら儲かるか？　という利益を如何に大きくするか？　如何に勝率を上げることができるか？　といった観点でつくり上げるのですが、それだけでは安定した成果を出し続けるのは難しいです。

なぜなら、株式市場の状況は常に変わるため、どんなに優れたルールでもすべての場面で通用するわけではないからです。今、上手くいった儲かる方法が、来月には通用しなくなった、儲かるどころか大損になったということは、株式投資をやっていると、よくある話です。

一方で、「負けないためのルール」は、如何に損を少なくするかということに重点を置いています。損失を抑えることで、大きな失敗を防ぎ、資金を守りながら、利益を少しずつ積み重ねていきます。

その結果として、トータルで利益になる可能性が高まります。

致命的な損失を避けながら、利益はキチンととっていくことができれば、長期的には収益がプラスになるのです。

そのため、投資で成功するためには、「勝つためのルール」だけでなく、「負けないためのルール」をつくり、それを守ることが大切です。この考え方を取り入れることで、長期的に安定した利益を得ることができるのです。

負けないのは自分次第

以前にもお伝えしたとおり、株式投資において、単発で勝つだけでは本当の意味で勝ったことにはなりません。先月は勝ったけど、今月は大負けしてしまった、これも勝ったことにはなりません。株式投資において「勝つ」というのは、「利益を出し続けること」を指します。一方、「負ける」というのは、「損失を出し続けて証券口座の残高が減っていくこと」を意味します。

つまり、「勝つためのルールをつくる」ということは、「利益を出し続けるための方法をつくること」であり、「負けないためのルールを追求する」とは、「損失を避ける方法や、損失を如何に少なくするかを考えること」と言えます。

そして「勝つためのルール」は、一時的に勝つだけではなく、長期的に安定して利益を出し続ける仕組みをつくる必要があります。

しかし、株は、上がるか下がるかどうなるかはわかりません。さらには、どこまで上がるか、どこまで下がるかも、ハッキリとわからないのです。たまには、自分の思い描いたとおり株価が上昇してくれることがあっても、それが毎回続くことはありません。

要するに、利益を大きくできるかどうかは、自分だけでは、どうにもなりません。自分が上がって欲しいと思ったとしても株価が思ったとおりになるとは限らないのです。儲かるかどうかは、株式市場次第なのです。そのため、勝ち続けるためのルールをつくるとなると、とても難しいと言えます。

一方、「負けないためのルール」は、自分が最初に決めた損切りをキチッと守りさえすれば、大きな損になることはないはずです。要するに、損を少なくできるかどうかは、自分の心構え次第。

仮に損が大きくなってしまったということは、自分で決めたルールを守らなかった自分が悪かったということになります。儲かるかどうかは株式市場次第、大きく損しないのは、自分次第であるということです。

株価が「上がるか」「下がるか」の中で、「負けないルール」をつくり、それをしっかり守ることができれば、結果的に最終的な損益をプラスにすること、つまり「稼ぎ続ける」可能性が高くなります。大きな損失を徹底的に避けることができれば、結果として損益はプラスになるということです。

「負けないこと」を追求することが「勝つ」ための近道

株式投資では、通常「値上がりしそうな銘柄」を見つけて買い、価格が上がったところで売ることで利益を得るのが一般的です。

信用取引を使えば「値下がりしそうな銘柄」を空売りして、実際に下がった際に利益を得ることも可能です。どちらの場合も、価格の「値上がり」や「値下がり」を予想し、その予想通りに動いたときに初めて利益が生まれます。

このため、多くの人が「いつ値上がりするのか」「いつ値下がりするのか」を予測し、そのタイミングに合わせて取引を行おうとします。これを可能にする仕組みが「儲けるためのルール」であり、利益を追求するルールといえます。

たとえば、「株価の動きを正確に予想し、その流れにうまく乗る方法」を考えたり、「どうやって利益を最大化するか」を追求したりすることが『勝つためのルール』の構築です。しかし、このルールをつくることは非常に難しいのが現実です。株価の動きは多くの要因に影響されるため、予想を当て続けるのは容易ではありません。

一方で、『負けないためのルール』をつくることは比較的簡単です。このルールの最大の目的は、損失を徹底的に減らすことです。「証券口座の残高が徐々に減っていく状態」を避けるルールをつくり、それを守り抜くことが『負けないルール』の基本です。

個々のルールについては後述しますが、主なものとしては、エントリーする際に、儲かることを考えることよりも、先に損したときのことを考える。自分の損失許容金額を決めておく、損切りするときのチャートパターンを決めておく、などがあります。その他、イライラしているときは、やらない。損した後で、それを取り返そうとするリベンジマッチはやらない、などなど、心理面のルールもあるといいですね。

そして、この『負けないルール』を構築し、それを徹底することで、自然と資金が減ることが少なくなります。必死になって利益を追い求めなくても、結果として、トータル損益がプラスになりやすくなるのです。

実際に私自身も「いかに負けないか」に焦点を当ててルールをつくり、それを守り続けた結果、最終的に利益を得られる仕組みを構築することができたのです。

もちろん、「利益を上げるルール」を追い求めることが悪いわけではありません。ただし、その前に「負けないルール」を優先してつくるべきです。

なぜなら、資金が減らない状態を維持できれば、その後に学んだ「利益を追求するルール」を有効活用できる可能性が格段に高くなるからです。

「まず負けないことを考える」という発想は、少しピンとこない考え方に思えるかもしれません。しかし、これは株式投資でいち早く成果を上げるための大きなヒントになります。先に資金を守る仕組みを整え、その上で利益を得る方法を探る。この順序が、初心者にとっても実践しやすく、長期的に成功するための近道なのです。

大負けを徹底的に排除せよ

株式投資の世界で、生き残るためには「攻め」だけでなく「守り」を真剣に考えることが重要です。しかし、実際にどれだけの投資家が、この守りの重要性を理解しているでしょうか？　百も承知だと思いますが、株式市場という予測不可能な環境で、投資家として生きていくためには、資金がゼロになることは絶対に避けなければなりません。

では、大きく勝てばよいのでしょうか？　確かに、一度大きく勝つことができれば、資金がすぐにゼロになることはないかもしれません。しかし、現実的には、大きな勝利を何度も繰り返すことは非常に難しいのです。

だからこそ、特に投資資金に限りがある投資家にとっては、「大負けをしないこと」が何よりも重要なのです。資金を急激に減らさないためには、守りを重視した慎重な取引が不可欠です。

たとえば、あなたが１００万円からスタートし、半年で資産を２００万円に増やしたとしましょう。この成功に気をよくして、さらに多くの資金を投じ、もっと儲けようと攻めに攻めて、１０００万円単位の投資に踏み切るかもしれません。

しかし、ここで注意が必要です。市場は予測不能であり、株価は急転直下し、逆行し続ける可能性があります。そして、気がつけば、元々の１００万円すら割り込むという事態に陥ることも十分に考えられるのです。

「そんなことは自分にはありえない」と思うかもしれませんが、このような結果を招く投資家は、実は決して少なくありません。攻めることばかりに夢中になり、守りをおろそかにすることで、大損失を招いてしまうのです。

もし、あなたが「攻めることしか頭にない」危険な投資スタイルを続けているのであれば、今すぐにその考え方を根本から見直す必要があります。勝ち組投資家は、大負けを最も嫌い、何よりも守りを重視します。

彼らの成功の秘訣は、守りを徹底し、大損を避けることにあるのです。結局、株式市場での成功は、大きく勝つことだけではなく、負けたときにも大きく資金を失わないようにする「守り」の戦略が決め手となるのです。

投資の世界で生き残るためには、守りを第一に考え、冷静な判断を下すことが欠かせません。

勝ち組は損失が少ない

株式投資の世界では、勝ち組の投資家は損失が小さく抑えられ、負け組の投資家は損失が大きく膨らんでしまうという大きな違いがあります。

損切りの位置を決めてエントリーしたものの、株価がその位置に達したときに実際に損切りを実行できない投資家は、一体どれほどいるのでしょうか？

彼らの中には、連敗して大きな損失を抱え、「もうこれ以上負けられない」と追い込まれると、最初に決めた損切り価格を無視してしまうことがよくあります。

そして、損切りをためらっているうちに、取り返しのつかない破滅が訪れるのです。これは初心者トレーダーが陥りがちな典型的な末路です。

初心者投資家でも、時にはプロ投資家と同じくらいの利益を上げることができます。短期的には、プロを上回る利益を得ることさえあるかもしれません。しかし、長期的に見ると、プロと初心者の間には明確な差が生じます。

その違いは、勝ち方よりもむしろ負け方にあります。プロはどんな相場環境でも、損失を最小限に抑える術を知っており、それを徹底して実行します。

結果として、プロ投資家は初心者と比べて、負ける際の損失額が圧倒的に少ないのです。株価は人々の感情の反映にすぎません。初心者が大損して困っているときでも、勝者であるプロは小さな損失で済ませ、冷静に笑っていられるのです。つまり、プロは「負け方が上手」なのです。株式投資は、どれだけ優れた投資家でも避けられない負けがつきものです。株価が上下するように、投資家にも勝つときと負けるときがあります。

負けたときに最も重要なのは、利益を無理に取り戻そうとするのではなく、損失を最小限に抑えることを考えることです。損切りの重要性を理解していても、実際には設定しなかったり、あるいは、一度設定した損切りを外してしまう投資家は少なくありません。彼らは、過去に何度も損切りにかかり、その度にイライラしたり、連敗が続いて小さな損失さえ受け入れられなくなってしまった経験を持つ人たちです。

そういった初心者投資家は、今までの負けを取り返そうとして、リスクの高い「負けたらすべてを失う可能性のある取引」に手を出しがちです。

一方、プロは負けても次の取引に備えて十分な資金を残すことを常に心がけています。株式投資は不確実性の高いゲームであり、その中で唯一自分を守るための命綱が損切りです。

どんな状況であっても、損切りを設定することは不可欠です。確かに損切りになれば、その時点での資金は減少しますが、それでも次回の取引に参加するための資金を残すことができます。次の大勝ちの機会を逃さないためにも、次の投資に使える資金を確保し続けることが重要です。

損切りは、将来の成功のために今守るべき最低限のルールであり、あなたの長期的な投資成績を左右する鍵となるでしょう。損切りを怠ることなく、計画的にリスクを管理していきましょう。

アクセルとブレーキは表裏一体

株価の動きは予測が難しく、不確実なものです。このような株式市場で生き残るためには、まず「守り」を意識することが重要です。株式市場は非常に大きな存在で、個人投資家1人の力ではコントロールできません。

いつどんな変化が起こるかわからないため、無理に市場を打ち負かそうとするのではなく、その動きに振り回されないように自分を守る戦略を考えるべきです。市場の波に飲み込まれないための準備こそ、成功への第一歩なのです。

そのような中、なぜ初心者は自分自身を「守る」ということを、考えようとしないのでしょうか？

私も若い頃、短期間で大きく勝った経験があります。そのときは守ることなど全く考えていませんでした。勝った資金をすべて次の投資に回し、「守り」を意識することなくリスクを取り続けた結果、大きな暴落に見舞われ、大損失を出してしまったのです。

今では、どんな状況でもこのような軽率な売買はしませんが、勝ちが続くとつい脇が甘くなることがあります。そのようなときは、初心に立ち返り、かつて大きく負けたときの苦い経験を思い出し、自分を戒めるようにしています。

株式投資を何年も続けていると、株式投資に対する自信が自然とついてきます。それは成長の証ですが、そこで自分を過信せず、常に謙虚であることが重要です。冷静に市場のリスクを見極め、適切に身を守ることができる投資家こそが、最終的にこの厳しい市場で生き残ることができるのです。

好不調の波

株式投資では、誰にでも「勝てる時期」と「負ける時期」があります。これはどんな投資家にも共通するもので、調子がよいときには何をやっても利益が出ますが、調子が悪いときにはどれだけ努力しても損失が続いてしまいます。

成功するための秘訣は、勝てる時期にしっかり利益を伸ばし、負ける時期には損失を最小限に抑えることです。これができなければ、株式投資で勝ち組になるのは難しいでしょう。

しかし、多くの初心者や一般の投資家は、この逆の行動をとりがちです。勝てる時期に思ったほど利益を出せず、負ける時期に大きな損失を抱えてしまうのです。その結果、せっかく夢を抱いて始めた株式投資を諦めてしまい、元の生活に戻ってしまう人も少なくありません。

私は28年間、証券会社で多くの投資家を見てきました。その中で、最初は順調に資産を増やしていた人が、やがて大きな損失を出して市場から退場してしまう姿を何度も目にしました。彼らに共通していたのは、「調子の悪い時期」にも「調子のよい時期」と同じような売買を続けていたことです。

株式市場で長く生き残るためには、調子が悪い時期に損失を最小限に抑えることが非常に重要です。初心者の多くは「どうすれば勝てるか」ばかりを考えますが、成功している投資家たちは「どうすれば負けないか」に意識を集中させています。実際に、長く活躍している投資家たちは、調子が悪い時期でも「大負け」を避けているため、市場に留まり続けることができているのです。

勝ち組の投資家が特別に高い勝率を持っているわけではありません。彼らも負けるときは負けます。ただし、その負ける金額が負け組と比べてはるかに少ないのです。もし、現在あなたが損失を大きく出してしまっているなら、まずは「負けを減らす」ことに集中しましょう。勝つことは後回しでも構いません。調子がよい時期が来たときに、しっかり勝てばいいのです。

自分の状態を客観的に見つめ、「今は守りを固めるべき時期なのか、それとも勝負をかけるべき時期なのか」を判断し、それに応じた行動を取ることが大切です。マーケットに向き合う際には、自分自身の状況や調子を冷静に把握する習慣を持ちましょう。それが、株式投資の世界で成功するための大きな鍵となるのです。

小さい損切り

株式投資をしていると、「利食い」と「損切り」という2つの行動に直面します。このうち、どちらが気分的に楽だと感じるでしょうか？　おそらく多くの人が、「利食い」と答えるのではないでしょうか。それは自然な感情です。利益を確定してお金が増えるのは嬉しいことですし、反対に損失を確定してお金が減るのは誰でも辛いものです。そのため、利益確定の利食いは気分がよく、損失確定の損切りは苦痛を伴うものとして捉えられます。

この心理が原因で、多くの投資家は利益を早く確定させようとし、逆に損失を確定させるのを先延ばしにしてしまいます。しかし、この行動を繰り返していると、投資の結果として得られる利益が少なくなる一方で、損失がどんどん大きく膨らむ悪循環に陥ってしまいます。最終的には資金が尽きて市場から退場してしまう人も少なくありません。このような状況は、初心者に限らず、多くの投資家が経験する落とし穴です。

では、どうすればこの悪循環から抜け出し、投資で成功を収められるのでしょうか？ その答えは、まず「負ける金額を減らす」ことにあります。多くの人は「どうやって勝つか」を考えがちですが、実は「どうやって負けないか」を優先するほうが、投資の成功に近づくのです。そして、負ける金額を減らすための具体的な方法はただ1つ、「損失が小さいうちに損切りを行うこと」です。

損切りを行うことは簡単ではありません。損切りをした直後に株価が元に戻る経験を何度かするかもしれません。また、損切りの回数が増えることで、精神的にも疲れることがあるでしょう。しかし、それでも小さな損切りは投資家にとって欠かせない戦略です。損切りは単に「負けを確定させる行為」ではなく、「大きな損失を防ぐ命綱」としての役割を果たします。

損切りができない投資家は、すべての取引で勝とうとする傾向があります。しかし、株式市場で行う売買は1つひとつが単発の勝負ではありません。何百回、何千回と続く取引の中のたった1回に過ぎないのです。そのため、１つの取引結果にこだわり過ぎるのではなく、次のチャンスに目を向けることが大切です。

損切りをすることで一時的に資金が減ることは確かに辛い経験ですが、それを避けて損失を抱え続けることは、長期的にはさらに大きな問題を引き起こします。損切りをためらった結果、大きな損失を抱えてしまうと、回復するのに多くの時間と労力が必要になります。そして、そのまま市場から退場してしまう人もいます。

だからこそ、損切りを恐れずに行いましょう。損切りは「負け」を意味するのではありません。それは、次のチャンスを掴むために必要な行動であり、未来の成功への第一歩です。損切りをする勇気を持ち、自分の資金を守ることで、株式投資の世界で長く生き残り、やがて勝利を手にする道を切り開いていきましょう。

損切りは大損を避けるための必要経費

勝ち組投資家は徹底的に損失管理を行います。何度も同じ話を繰り返していますが、もしあなたが株式市場で生き残りたいのであれば、これまでに述べた損失管理のルールを必ず守ることが不可欠です。

なぜこれほどまでに強調しているのかというと、損切りのルールを守ることは一見簡単そうに見えますが、実際には非常に難しいからです。たとえば、あなたが５連敗して精神的にも資金的にも苦しい状況にあるとき、果たして冷静に損切りを実行できるでしょうか？

多くの初心者投資家は、連敗が続くと次の取引で損失が出ても、「次こそは勝ちたい」という思いから、損切りを躊躇してしまいます。結果として、僅かな損失すら受け入れられず、損切りを見送ってしまうのです。

そしてその間に、評価損が許容範囲を超えると、理性が吹っ飛び、感情的な判断が支配するようになります。「元の価格に戻ってくれ」とただ祈るだけの状態に陥り、その祈りが届かなかったときには、絶望とともに資産が急減してしまいます。

多くの個人投資家が、このようにして損切りができず、壊滅的な損失を被っています。そこで重要なのは、自分の損失許容金額を超える前に必ず損切りを行うことです。あなたは何万円までの損失であれば、気持ちに余裕を持っていられるでしょうか？　その金額を明確にし、その金額に達する前に迷わず損切りを実行してください。

時には損切りをした直後に株価が反転し、元の位置に戻ることもあります。このような経験を繰り返すと、「損切りなんてしなければよかった」と思うかもしれません。しかし、それでも損切りを怠ることは、自らを破滅へと導く行為です。損切りをしなかったほうがよかったと思う場面は確かにありますが、それは単なる偶然の産物にすぎません。10回連続で幸運が訪れることはありません。

損切りは破産を避けるための必要経費です。この必要経費を躊躇なく支払える投資家だけが、長く市場で生き残ることができるのです。損切りをしっかりと行うことで、あなたは市場で長生きする投資家として成功への道を歩むことができるのです。

「損切り」を「利益」と考える？

株式投資において最も重要なことは、「1回の投資で大きく負けないこと」です。

初心者投資家ほど、負けを認めることができず、損失を確定することが難しいものです。もちろん、損切りは誰にとっても避けたい行為です。

株式投資をする目的は利益を得ることですから、誰もが損をしたくないと考えるのは自然なことです。しかし、「損をしたくない」という気持ちが強すぎると、小さな損失を受け入れられなくなり、結果的にもっと大きな損失を抱えてしまうことになります。

たとえば、購入した株が下落し続けている場合でも、含み損が現実の損失になることを恐れて売却を躊躇し、株価が回復することを祈りながら保有し続けてしまうことがあります。

しかし、このような姿勢は非常に危険です。株価が回復しない場合、損失はどんどん膨らみ、最終的には資金をほとんど失ってしまうこともあります。

大切なことは、早めに損切りを行い、損失を最小限に抑えることです。損切りを遅らせるほど、損失は大きくなるのです。

もし損切りをした後に株価がさらに下がり続けた場合、その損切りは「損失」ではなく、「利益」

と考えるべきです。つまり、小さな損失を確定させることで、大きな損失を避けることができたのです。この考え方に慣れることが非常に重要です。

損切りの習慣を身につければ、次の投資を行うための資金を確保することができます。もしかすると、次の投資では大きな利益を得ることができるかもしれません。そのチャンスを逃さないためにも、負けても次に投資できる資金を残しておくことが不可欠なのです。

負けても生き残る

株式市場はよく戦場に例えられます。それは、うまくいけば利益を得られる反面、1つのミスで大きな損失を抱えることがあるからです。この厳しい環境で生き残るには、「攻め」よりも「守り」を重視することが大切です。戦場で盾がない状態で剣だけで攻めても簡単にやられてしまいます。ボクサーもどれだけパンチ力があっても、ノーガードでは、すぐにやられてしまいます。それと同様に、実際、長く市場で活躍する株式投資家は、攻めの上手さではなく、守りの強さが際立っています。

初心者は「どう勝つか」ばかりを考えがちです。そのため、予想外の損失に対して準備が足りず、一度のミスで大きなダメージを受けてしまうことが多いのです。一方、勝ち組投資家は株式投資には勝つときと負けるときがあることを理解しています。だからこそ、勝つための準備だけでなく、負けたときの対応策も欠かさず準備しているのです。

重要なのは、負けても資金を守ることです。次の売買ができる資金を残しておけば、今回の損失を次回の利益で取り返すチャンスが生まれます。株式市場で成功するためには、まず「負けても生き残る」ことを心がけましょう。それが、長く市場に留まり、最終的に利益を積み上げる秘訣なのです。

敗因を突き止める

初心者が株式投資で何度も「大損」を経験してしまうのは、失敗から学ぶ姿勢が欠けていることが原因です。同じ失敗を繰り返してしまうため、どれだけ経験を積んでも「大損」を避けられないのです。私自身も投資を始めた頃は大きな損失を何度も出していました。しかし、今では同じような過ちを犯すことはほとんどありません。それは、損失を冷静に振り返り、次に同じ失敗をしない方法を見つける努力をしてきたからです。

たとえば、ある取引で30万円の損失を出したとしましょう。このとき、多くの投資家はその損失を受け入れて終わらせてしまいます。しかし、成功する投資家は違います。「どうすればこの損失を10万円に抑えられたのか？」と深く考えます。そして、その方法を模索し、次の取引に活かそうとするのです。このプロセスこそが、失敗を単なる損失で終わらせず、次の成功への足がかりとするために重要なのです。

初心者がやりがちなのは、利益を増やすことだけに注目することです。「どうすればもっと儲けられるか？」と考えがちですが、成功する投資家はまず損失を減らすことを最優先にします。損失を減らせば、自然と資金は増えていくものです。これは、家計管理において無駄遣いを減らせば貯金が増えるのと同じ考え方です。

実際、どれだけ大きな利益を出しても、それ以上に損失を出してしまえば資金は減ってしまいます。だからこそ、利益を追い求めるより先に、損失を最小限に抑える方法を考えるべきです。その方法は、実際に損失を経験し、それを分析することで見つかります。

失敗を振り返り、冷静に分析し、次の取引に活かすことで、投資家としてのスキルが着実に向上します。

初心者の多くは失敗を恐れるあまり、その原因を深く追求せず、すぐに次の取引に進みがちです。しかし、それでは成長は遅くなります。失敗を避けるのではなく、むしろその中から学び取る姿勢が重要です。成功している投資家は、過去の取引を振り返り、改善点を探し続けています。この姿勢が、長期的な成功につながるのです。

損切りの話をする人は、利食いの話をしていないように感じることがあるかもしれません。

しかし、その背景には重要な理由が隠れています。これは、優れた投資家はすべての取引で勝つことは不可能だと腑に落ちているからです。損切りを避けることはできない現実を受け入れ、どのタイミングで損切りを行うかを考えることが、投資家としての成功への第一歩になります。損切りは、失敗を認める行為ではありません。それは、資金を守り、次のチャンスに備えるための重要な戦略です。

初心者が目指すべきは、まず大きな損失を避ける方法を学ぶことです。そして失敗を成長の糧とする姿勢を身につけましょう。このプロセスを繰り返すことで、株式市場で長く生き残り、やがて成功を手にすることができるのです。

負け組と勝ち組の違い

株式投資では、誰もが負けを経験します。しかし、勝ち組と負け組を分ける大きな違いは「損失への向き合い方」です。勝者は、負けた取引での損失を最小限に抑えることができます。一方、敗者は損失を引き延ばし、大きなダメージを受けることが多いのです。

たとえば、勝者と敗者が同じ銘柄を同じタイミングで購入した場合を考えましょう。その後、株価が予想に反して下がったとします。勝者は迷わず損切りを行い、損失を小さく抑えます。

一方、敗者は「いずれ株価は戻るだろう」と期待してしまい、結局、より低い価格で損切りを強いられることになります。この損失処理の違いが、長期的な成功に大きく影響するのです。

さらに、勝ち組投資家は負けた取引を大切にし、そこから学びを得ようとします。その積み重ねが、より的確な損切り判断につながります。負け組投資家は、負けた取引を反省することはありません。

株式投資の利益は、「勝ちトレードの利益」から「負けトレードの損失」を引いた結果で決まります。初心者は利益の額に注目しがちですが、成功する投資家はむしろ損失額を重視します。何度も繰り返しますが、損失を減らすことが、投資収益を増やす最善の方法なのです。

失敗から学ぶ

株式投資の世界では、誰もが負けを経験します。有名な投資家でさえ損失を避けられないときがありますが、初心者と上級者を分けるのは、その負けから何を学ぶのかどうかです。

初心者は同じ失敗を繰り返します。それも1回や2回ではありません。何度も同じような負けを繰り返すのです。負けた瞬間は悔しくても、1週間も経てば、そのときの悔しさ忘れてしまい、同じ過ちをしてしまうのです。その一方、上級者は負けを分析し、次に活かすことで成功を積み重ねています。

多くの初心者は、勝った売買を喜び、負けた売買を忘れようとします。たまたま勝っただけの数少ない取引が頭から離れることがなく、深く考えることなくエントリーする。また「負けを引きずりたくない」と考える人もいますが、負けを無視していては株式投資かとして成長できません。ただ勝ち負けを繰り返すだけで、結果としての損得の数字だけを見る。これでは、株式投資のスキルを磨くことができないのは当然です。

もしあなたが負けたときに、過去の勝った取引だけを思い出しているなら、同じ負け方を繰り返してしまう典型的な初心者投資家なのかもしれません。まずは負けた取引を振り返り、「なぜ失敗したのか」「どうすれば損失を抑えられたのか」を考える必要があります。その負けた取引から学ぼうという姿勢を落ち続けることで、これから先の取引でよりよい結果を得る可能性がグンと高まります。

もしあなたが本当に勝ち組投資家の仲間入りをしたいのであれば、勝ったときの喜びは忘れても構いませんが、負けたときの悔しさをしっかり覚えておき、それを冷静に分析することが重要です。

特に、損切りを行う際の心理状態を理解することは、損失を減らすための大きな助けになります。負けたときの自分の感情や置かれた状況を振り返り、冷静にコントロールできるようになれば、株式投資家として大きく成長できます。

失敗は単なる挫折ではなく、学びのチャンスです。負けた取引から得られる教訓を活かしていけば、株式投資家としてより高いレベルに到達できるのです。

勝ち組投資家ほど数多くの負けを経験している

株式投資で勝ち続けている投資家は、実は多くの負けを経験しています。しかし、負けたときの対応が一般の投資家と異なっているのです。損切りをすることが正しいと頭ではわかっていても、実際に行うのはとても難しいものです。損切りには心理的な苦しさが伴うため、多くの投資家がそれを避けようとしてしまいます。

損切りを避ける理由の1つとして、含み損の状態では口座の資金が減っている実感が薄いからです。

しかし、損切りをすれば、損失が現実のものとなり、口座残高が目に見えて減ってしまいます。この「現実化」の痛みを避けたいという心理が、多くの人に損切りをためらわせるのです。損切りができない投資家は、すべての取引で勝とうとする傾向があります。しかし、1つの取引に過剰に執着してしまうことが、長期的には大きな損失を招く要因になります。

私たちは、何百回、何千回と繰り返す取引の中で資産を増やしていくのが目的です。1回の取引に固執するのではなく、全体のバランスを考えることが大切です。

損切りをしないことで短期的には痛みを避けられるかもしれませんが、それが長期的には資金を大きく減らしてしまう原因になります。損切りができない投資家は、最終的に市場から退場せざるを得なくなるでしょう。

損切りは決して敗北ではありません。それは将来の成功をつかむための必要なステップです。勇気を持って損切りを実行することで、次のチャンスに資金を残すことができます。損切りは資産を守るための重要な戦略であり、それを実践できるかどうかが、成功する投資家とそうでない投資家を分けるポイントとなるのです。

長期的に勝つためには、負けから学び、損失を最小限に抑えることが重要です。

損切りを恐れず、積極的に実行することこそが、投資で生き残り、成功を手にするための鍵なのです。

勝ち続けている投資家ほど多くの負けを経験しているという事実をお忘れなく。

自分の悪い癖を探し出す

株式投資をしていると、意識せずに悪い癖がついてしまうことがあります。そして、この癖は一度身についてしまうとなかなか直らないものです。自分では気をつけているつもりでも、ついつい同じことを繰り返してしまうのが人間の性です。実際にその癖を行っている最中には、気持ちよく感じることも多いため、自分でも気づかぬうちにその悪い癖を続けてしまうことがよくあります。そのため、悪い癖が習慣化し、なかなか治らなくなってしまうのです。

株式投資では、こうした悪い癖が繰り返されると、損失が積み重なり、最終的には大きなダメージを受ける可能性があります。あなたも、自分の売買の癖をしっかりと見つめ直し、それを改善しようと努力していますか？

もし負けた取引を振り返って分析しているなら、きっと気づいているはずです。「負けた理由には、共通点がある」ということに。負けた取引には必ずパターンがあり、それを改善することで、損失を減らすことができるのです。

私自身、初心者の頃は、長期的なチャートを無視して短期的なチャートパターンにこだわり、取引を行っていました。しかし、そのほとんどの場合、買った株はすぐに上昇せず、横ばいが続いたり、最終的に下落して損をすることが多かったのです。実際、私の負けトレードの半分以上が、この悪い癖によるものでした。そこで、私はその癖を完全に排除し、取引方法を見直しました。その結果、負けた取引の回数が減り、自然と資産が増えていきました。

もしあなたが、何度も同じ失敗を繰り返していると感じているのであれば、過去の負けた取引をしっかりと振り返り、分析してみてください。必ずその失敗には共通するパターンがあるはずです。その共通点を見つけ、それを排除することができれば、あなたの投資スタイルは格段に改善されるでしょう。損失を減らすことができれば、自然と利益が増えるということです。これは株式投資に限らず、すべての人間の行動に共通する真理です。無駄な支出を減らせば、貯金が増えるのと同じことです。

成功するためには、過去の失敗から学び、その教訓を次に生かすことが大切です。自分の悪い癖を改善し、よりよい投資家になるために、今日からでも自分の取引を分析し、反省し、改善していくことが必要です。それが、最終的に安定した利益を得るための近道となるでしょう。

負けた売買を大切にする

株式投資で損失が少ない熟練した投資家は、過去に多くの損失を経験しており、その経験を元に損失を減らす方法を身につけています。

一方で、一般の投資家は負けた取引から得られる教訓を見逃してしまうことが多いです。これは非常に大きな損失です。あなたはその重要性を理解していますか？　実は、損失を減らす唯一の方法は、損失を経験し、その中から学ぶことなのです。負けた取引には、必ず成功へのヒントが隠れています。それを見つけて活かすことで、あなたの投資スキルは確実に向上します。そして、損失を減らすことに集中すれば、自然と利益が増えていきます。

私は初心者の頃、負けた取引を忘れようとしていました。辛い記憶を消して、楽しい記憶だけを残すことがよいことだと思っていたからです。

しかし、実際には、小さな損失は忘れても、大きな損失は心に深く残り、なかなか忘れることができませんでした。その結果、その大きな損失がトラウマとなり、次の取引にも悪影響を与えてしまいました。

そして、さらに損失を重ねてしまうという悪循環に陥ってしまったのです。

負けた取引を忘れようとすることは、現実から逃げることに過ぎません。この現実から逃れようとすると、株式市場ではさらに損失を重ねてしまいます。損失は、株式投資では避けられないものだと理解することが大切です。その上で、「負けから逃げる」のではなく、「負けから学ぶ」という考え方に変えるべきです。

「負けから学ぶ」投資家は、負けた取引をじっくりと分析します。そうすることで、自分にはまだまだ学ぶべきことが多いと気づき、次に生かすことができます。損失の中にこそ、「勝つためのヒント」が隠れているのです。多くの失敗を経験し、それを反省することで、同じ過ちを繰り返さずに済むようになります。このようにして、あなたの投資スキルは着実に向上し、成功への道が開かれていくのです。

自動で損切りする逆指値

株式投資を長く続けるために大事なことは、ルールが崩れたら、即手仕舞いをすることです。また、このことに例外を認めてはいけません。損切りの条件を満たしたら、即実行するのです。

しかし、損切りできない人は共通して最初に決めた損切りの条件を満たしている状況でも、「損切りしない理由」を探してしまうのです。これは、意思が弱い・強いという問題ではなく、人間の「本能」からくるものなので、仕方のないことなのかもしれません。

そのような場合は、自動的に損切りをする「逆指値」を利用しましょう。損切りポイントを設定する場合、あらかじめ「○○円になったら損切りする」と決めておき、実際に価格がそこまで下がったら自分自身の手で決済する方法があります。

それでも、もちろん問題ないのですが、損切りをより機械的に行うためには「逆指値注文」を使うことをおすすめします。これは、株式を売買する際に出せる注文の種類の1つで、あらかじめ指定した金額まで株価が下がったときに自動的に決済することができます。

たとえば、ある銘柄を1000円で買い、今後2000円まで株価が上がると予測したとします。しかし、予測が外れて株価が900円を下回る可能性もあるため、900円を損切りポイントとして設定しました。この場合、逆指値注文を利用すると、株価が900円になったタイミングで自動的に損切りを行ってくれるのです。この方法であれば、チャートに張り付く必要がないため、時間的にも精神的にも余裕が生まれます。何より、自動で損切りが行われるので、ほかの理由をこじつけて損切りをためらってしまう、などといった「迷い」が発生しません。自分の意思で損切りをするのは難しいという方は、逆指値注文を使って損切りを自動的に行うようにしましょう。

コラム④／お金の器を広げるには使うこと

お金を増やしたいなら、まずは自分の「器」を広げることが重要です。しかし、多くの人はその方法を知りません。それは、器の広げ方を教えてくれる人が周りにいないからです。だからこそ、多くの人が現状に不満を抱きつつも、コツコツと働く生活から抜け出せないのです。あなたはどうでしょうか？　現状を受け入れて、今のまま一生働き続けるのか、それとも変化を求め、より自由で充実した人生を手に入れるのか？　この選択はあなた次第です。「そんなことを言われても、どうすればいいのかわからない」と感じる方も多いでしょう。なぜなら、変わるための具体的な方法がわからないからです。それを実現するために必要なことを、私は伝えたいと思っています。

まず、器を広げるためには、「お金を使う」ということをしなければなりません。なぜお金を使うことが必要なのか？　それは、お金を使うことで、自分の限界を超えた経験ができるからです。

たとえば、10万円、30万円、１００万円という大金を使うことに、あなたはどれだけの抵抗を感じるでしょうか？　多くの人は、その金額に対して強いストレスや不安を感じるでしょう。しかし、そのストレスや不安こそが、あなたの「お金の器」の限界を示しています。私自身も、かつては1万円を使うことにすら躊躇していました。しかし、今では、100万円を使うことに、ほとんど抵抗を感じません。これは、私が自分の器を広げようと努力してきた結果です。このように、器を広げることで、お金を使うことにも、稼ぐことにも抵抗がなくなり、株で儲けが出たときも、何の抵抗もなく受け入れることができるのです。

お金は、流れのようなものです。使いこなせる人のもとにしか流れてこないのです。「お金が入ってきたら使おう」と考える人もいますが、実際には、使いこなせる人にしかお金は集まらず、万が一、手に入ったとしてもすぐに失ってしまいます。ですから、お金を増やしたいなら、まずは自分の器を広げることから始めましょう。

そのためにできることは、「お金を使う」ということです。ただし、お金を使う際には注意が必要です。目的なくやみくもに使えば破産してしまいます。ここで、大切なことは、未来につながるものや積み上がっていくもの、言い換えると「自分への投資」にお金を使うということです。

多くの人が、お金を使っても器を広げられないのは欲に支配された「消費」にお金を使うからです。「消費」は欲を刺激するだけで何かを生みだしたり未来を変える効力はありません。

しかし、「投資」は違います。たとえば、知識への投資を行うことで将来の資産を生みだし、経験を積むことで再現性を高めてくれます。お金を使えば使うほど増えていくのです。株で稼ぐことだけでなく、自分がどれだけの器を持っているかを見極め、それを広げるための行動を取ることが、成功への第一歩となるのです。

第5章　上級者への道

孤独になれる勇気

株式投資はとても孤独な世界です。それは、長い間、株式市場と関わる中で、勝ち組投資家を見てきた私が感じることです。

人は普通、成功したときは、誰かと喜びを分かち合いたいと思い、失敗したときは、慰めてもらいたいと思うものです。しかし、株式投資の世界では、すべての結果を自分1人で喜び、1人で悲しむしかありません。

なぜなら、自分の買った株が上手くいって利益がでたことを、他人に伝えても、他人が株で儲けた話を聞いて心から喜ぶ人はいないのです。反対に、自分の買った株が逆行して大きな損を出した悲しみを他人に伝えても、それで自分の損失が減るわけではないのです。

よく「社長は孤独だ」と言われますが、経営において大事な判断をしなければならないとき、相談する人がたくさんいたとしても、最終的に決断するのは自分1人でしなければなりません。

しかも結果に対して全責任を取らなければいけないからです。株式投資をする個人投資家も社長と同じです。最終的に自分1人で売買の判断をし、その結果の責任は、自分で負わなければなりません。

株式投資で成功する秘訣は、一般大衆と反対のことをすることにあります。一般大衆がまだ気づいていない株価の変化の兆しを感じて買いにいき、一般大衆が最も高い株価を買うときにこっそり売却するのです。一般大衆と同じことをしていては勝てるようになりません。

勝ち組投資家と言われる人たちは、孤独です。利益を上げようとすればするほど、一般大衆と反対のことをしようと、1人で考える時間が長くなり、孤独になっていきます。売買を実行するのは一瞬ですが、そこに至るまでに長い時間を自分1人で考えて過ごすからです。株式投資で勝ち組になるためには、孤独になれる勇気が必要なのです。

上級者は利食いの話をしない

上級者は損切りの話はしますが、利食いの話は、あまりしないものです。その理由は、マーケットの動きが予測不可能であり、利益を最大限に引き出すことが自分のコントロールの範疇を超えていると理解しているからです。

利食いは、勝ち負けがマーケットの動向に強く依存するため、確実な方法論として語ることが難しいのです。一方で、損切りは自分の判断や行動次第でコントロールが可能であり、損失を最小限に抑えることができるのです。

損切りを適切に行うことができれば、株式投資家として、長期的に生き残ることができます。損失を小さく保つことで、資金を守り、次のチャンスを待つ余裕が生まれるのです。

上級者は、この「生き残る」という考え方を非常に重視しており、そのために損切りの重要性を強調します。損切りを徹底することで、致命的なダメージを避け、マーケットでの長期的な成功を可能にしているのです。

逆に、利食いについては、特定のルールや基準があったとしても、それが常に機能するわけではありません。マーケットが予想外の動きをすることは日常茶飯事であり、具体的な方法論を語っても機能しないことが多いのです。ですから利食いの方法よりも損切りをしっかりと行うことのほうが重要だと考えています。

上級者が重視するのは、マーケットの動向に左右されない安定した売買戦略です。利食いはマーケット次第であり自分自身ではどうにもならない、損切りは自分次第であると理解しています。利食いを過度に期待することなく、損切りを徹底し、自分の感情や欲望に惑わされない売買を続けることが、上級者が長期にわたって成功し続ける秘訣なのです。

また、プライバシーの問題も理由の1つです。特に大きな利益を得た場合、その情報を公にすることは個人のプライバシーを侵害し、場合によっては周囲の嫉妬や不必要な関心を引くことになります。財産や収入に関する話題は非常にプライベートなものであり、勝ち組投資家は自分の経済状況を他人に知られることを望まないため、成功談を控えることが多いのです。

これらの理由から、勝ち組投資家は自分の成功をあまり語らないのです。彼らは、株式投資が持つリスクや不確実性、そして個人のプライバシーや市場への影響を深く理解しており、慎重に振舞うことが成功の鍵であることを認識しているのです。儲け話を軽々と自慢する人を信用してはいけません。

利食いと損切り、どっちが簡単か

あなたに質問です。利食いと損切り、どちらが容易だと感じますか？

おそらく多くの方が「利食い」と答えるでしょう。利益が出ることは、誰にとっても喜ばしいことですし、それを確定させることで安心感を得られます。しかし、ここに注意が必要です。利食いを急ぐことで、本来得られるべきもっと大きな利益を逃してしまうリスクがあるのです。

利食いを行う際、私たちが抱く「この利益が消えてしまうのではないか」という不安が、投資判断を曇らせることがあります。確かに株価は不安定で、今得ている評価益がいつ消えてしまうかわかりません。そのため、多くの投資家は早めに利食いを行い、目の前の利益を確定させたくなります。しかし、これは短期的には安心かもしれませんが、長期的には勝ち組になりにくい行動です。

利食いを急ぐ投資家が犯す最大のミスは、市場の動きを十分に考慮せずに、自分の都合で利益を確定してしまうことです。本来、利食いのタイミングは市場の動きやポジションの状況に基づいて決定されるべきです。

勝ち組投資家は、短期的な利益に惑わされず、長期的な視点で利益を最大化することを考えます。彼らは、「利益が出たから売る」のではなく、「さらに利益を伸ばせる可能性があるか」を冷静に分析し、利益を最大化するチャンスを狙います。このアプローチには確かにリスクがありますが、長期的に見れば、大きな勝利を得るための必要なステップなのです。

もちろん、利食いを遅らせることには精神的なプレッシャーが伴います。利益が出ているのに、それを確定しないでいると、不安や焦りが生じるでしょう。しかし、このプレッシャーに打ち勝つことで、大きな利益を得るチャンスが生まれるのです。

勝ち組投資家は、この精神的な苦痛を乗り越え、損切りは小さく、利食いは大きくするという基本的な原則を守り続けます。これができる投資家だけが、長期的に市場で勝ち続けることができるのです。

利食いのコントロール

株式投資を続ける中で、誰もが「損失のコントロール」の重要性を理解するようになります。損失を最小限に抑えるためには、小さな損失のうちに損切りを行うことが必要です。しかし、投資家が見落としがちなのは「利益のコントロール」の重要性です。この視点を持つ投資家は意外と少ないのです。

それでは、大物投資家たちはどのようにして莫大な富を築いたのでしょうか？　彼らは「損失のコントロール」に加えて、「利益のコントロール」も手にしています。損失を最小限に抑えることは、初心者投資家にとって大きな課題ですが、さらに難しいのが「利益のコントロール」です。利益を最大限にするためには、利食いをできるだけ遅らせることが求められます。しかし、これには多くの不安やストレスが伴います。

通常であれば、軽々と利食いするタイミングであっても、利益を追求するためにそれをしない選択をするのです。普通の投資家であれば、利益確定の機会を逃すことで、これまでなら勝っていた取引が負けに転じるリスクに耐えるのは困難でしょう。この不安に打ち勝ち、利食いを遅らせることができなければ、「利益のコントロール」を実行することはできません。

あなたは、この「利益のコントロール」を実際に行うことができるでしょうか？　もしあなたが、ためらうことなく早い段階で損切りを行い、１回の損失額を１回の利益額よりも小さく抑えられるようになっているなら、それは「損失のコントロール」ができている証拠です。この時点で、あなたは既に投資家としての重要なスキルを身に付けていると言えるでしょう。

次に進むべきは、「利益のコントロール」に真剣に取り組むことです。利食いを遅らせ、最大限の利益を追求する姿勢を養うことで、あなたは上級投資家としての道を歩み始めることができるのです。この２つのコントロールを習得することが、成功する投資家への第一歩となります。

利食いの我慢

株式投資を長く続けていると、「損失を少なくすること」がいかに重要であるかに気づくはずです。それと同時に、もう１つ重要なのは「利益をいかに大きくするか」という点です。もし、あなたが躊躇することなく損切りを行い、１回の損失金額が１回の利益金額より少ないのであれば、これはあなたが「躊躇なく損切りできる」ようになった証拠です。しかし、その次に必要なのは「利食いを待つ勇気」を持つことです。

先にお伝えした通り、利益金額を大きくするためには、意図的に利食いを我慢することが不可欠です。しかし、これが実際には非常に難しいのです。「いつもなら利益確定している場面」で、あえて利益確定をしないというのは、特に一般投資家にとって不安を引き起こします。利食いを我慢することで、今まで勝っていたトレードが逆に負けトレードに転じてしまう可能性があるからです。この不安に耐えられない投資家は、気持ちが落ち着かず、焦ってしまい、結局は利食いを我慢することができないでしょう。しかし、利益確定を早めに行い、損切りを躊躇してしまうようでは、いつまで経っても勝てるトレーダーにはなれません。典型的な失敗トレーダーのパターンに陥ってはいけません。

利食いを我慢することが重要です。評価益が出ているということは、あなたが正しい判断を下した証拠です。正しいときに行うべきことは、その正しい判断を継続することです。年に一度か二度、大きなトレンドが発生することがあります。そのときに備えて、利食いを徹底的に我慢し、その苦痛に耐えることができれば、あなたは資金を一気に増やす絶好のチャンスをつかむかもしれません。このような忍耐力こそが、成功するトレーダーにとっての重要な要素なのです。

利食いは、怖い

初心者投資家が利益を確定する際、多くの場合、それは「ちょっとした利食い」にとどまることがほとんどです。しかし、これは果たして最善の選択なのでしょうか？　ここで、利益確定に対する３タイプの投資家の違いを考えてみましょう。

まず、投資の世界に入ったばかりの完全な初心者です。彼らは損切りの重要性をまだ理解していないため、利益確定の際には恐怖を感じることなく、むしろ手に入れた利益に喜びを感じます。彼らにとって、わずかでも利益を得られたこと自体が成功の証なのです。

次に、損切りの重要性を理解しているものの、実際にその場面に直面すると躊躇してしまう一般的な投資家です。彼らは自分の判断が間違っていたと認めたくないため、利益が出た瞬間に早々と確定してしまうことが多いです。このタイプの投資家もまた、利益確定に恐怖を感じることは少なく、むしろ安心感を得ています。

最後に、一握りの勝ち組投資家がいます。彼らは、１回の取引から得られる利益をできる限り大きくしようと努めます。わずかな利益では満足せず、さらなる利益を追求するために、長くポジションを保ち続けます。

もちろん、利益が増える保証はありませんし、逆に損失に転じるリスクも常にあります。それでも彼らは、将来の損失を見越して、可能な限り利益を引き伸ばそうとするのです。

このようにして得た大きな利益は、過去に経験した多くの損切りによる損失を補い、さらに上回ることができることがあります。そして、その大きな利益が次回の損切りを迅速かつ冷静に行える力を与えてくれます。損切りは迷わず迅速に行うべきですが、利益確定は慎重に、そして時には大胆に進めることが重要です。

勝ち組投資家たちは、常に利益確定のタイミングにおいて恐怖と向き合い、それを乗り越えてきた経験があります。利益確定の判断にはリスクが伴いますが、その恐怖に打ち勝つことでこそ、さらなる成功への道が開かれるのです。

たまには大勝ちを狙う

株式投資を始めたばかりの初心者が、資産を大きく増やして成功するには、ある程度のリスクを取って大きな利益を狙う必要があります。資金が少ない段階では、小さな利益を積み重ねるだけでは限界があるからです。

もちろん、安定して利益を出すことは大切です。しかし、それだけでは資産を大幅に増やすのは難しいでしょう。たとえ何度も小さな利益を得たとしても、たった一度の大きな損失ですべてを失ってしまう可能性があります。このリスクを理解しながら、時には大きな利益を狙う挑戦が必要です。たとえば、10回の取引のうち1回でも大きく勝てれば、それが資産を増やす大きな力になります。

ただし、この大きな勝負が必要なのは、特に初心者の段階だけです。資金が少ない初心者にとっては、大胆な挑戦が資産を増やす鍵となる場合があります。一方で、投資経験を積んで十分な資金を持つようになれば、無理にリスクを取る必要はなくなります。その段階では、安定した小さな利益を積み重ねることで、資金を守りながら生活を成り立たせることが可能になるからです。

たとえば、十分な資金があれば、たとえ小さな値幅であっても、株数を多く投資できるので、生活費やさらなる投資資金を賄うことができます。これにより、無理をせず着実に資産を守り増やすことができます。しかし、資金が少ない初心者にとっては、小さな値幅の売買では時間がかかりすぎるのです。大きな成果を得るには、いくつかの大きな勝ちを目指す必要があるのです。

もし、あなたが取引を始めたばかりで資金が限られているなら、ここぞというときには、リスクを恐れずに大きな利益を目指してみてください。ただし、無謀な挑戦ではなく、しっかりとした計画と戦略を持った上で挑戦することが大切です。資産を大きく増やすには、時に大胆さも必要なのです。

利食いを伸ばす執念

株式市場で成功する上級者たちは、一度の取引から得られる利益を最大限に引き出すことに執念を燃やします。わずかな利益が出た時点で満足するのではなく、さらなる収益を目指して粘り強く待ち続けるのです。もちろん、これには大きなリスクが伴います。利益が増える保証はなく、逆に損失に転じる可能性も十分にあります。それでも彼らはこのリスクを恐れず、冷静に判断し続けます。

あなたは利益を確定する際に不安を感じたことがありますか？　この不安は、投資家の経験や性格によって感じ方が異なります。特に多くの初心者投資家は、損切りの重要性を十分に理解しておらず、わずかな利益が出るとすぐに喜んで利益を確定しがちです。一般の投資家は、頭では利益を最大化すべきだと理解していても、実際には早めに利益を確定する傾向があります。

しかし、真の勝ち組投資家たちは違います。彼らは「将来の損失」を恐れつつも、そのリスクに打ち勝ち、利益をできるだけ引き伸ばそうとします。この大きな利益は、過去の損失を補って余りあるものであり、これが自信となって、さらに適切な損切りを行う力を育てます。損切りは迷わず行い、利益確定は慎重に進める――これが彼らの鉄則です。

利益確定は本来、恐怖を伴うものです。負けが増えるかもしれないという恐れがありますが、その恐怖を乗り越えることで、時には大きな成功を手にすることが可能です。利益確定を遅らせることは精神的に苦しいものですが、それを乗り越えた先には、大きな報酬が待っています。利益確定の恐怖に打ち勝つことこそが、投資の成功への鍵となるのです。

2つの利食い

「利食い千人力」という言葉を耳にしたことがあるでしょうか？　この言葉は、含み益の状態となった資産の一層の値上がりを待っているうちに相場が反転し、儲け損なってしまうことを戒め、ある程度儲けた段階での利食い売りを推奨する格言です。しかし、この考え方が本当に正しいのか、少し立ち止まって考えてみましょう。

これまで、「損切り」の重要性についてお話してきましたが、損切りだけでなく「利食い」の技術も、株式投資で成功するためには欠かせません。

損切りをしっかり行えるようになれば、株式市場からの退場リスクは大きく減少しますが、最終的に利益を上げるためには、しっかりとした利食いの戦略が必要です。

利食いは単純に利益を確定する行為ですが、それには２つの大きな目的があります。１つ目は、過去の損失を取り返すための大きな利食いを狙うこと。２つ目は、将来の損失に備えて利益を残すための大きな利食いです。この２つを意識していないと、小さな利益を積み重ねるだけでは、結局、大きな損失に飲み込まれてしまう可能性があります。

プロ野球の試合を思い出してください。ひたすらヒットを打ち続けるチームが勝つこともありますが、重要な場面でのホームランが試合を決定づけることが多いですよね。株式投資も同じで、小さな利益を確定させるだけでは、勝ち組にはなれません。大胆な利食いが、あなたを勝利に導くということです。

利益を伸ばす「トレーリングストップ」

株式市場で成功するためには、「利大損小」を実現しなければなりません。どれだけ他のスキルが優れていても、この原則が守れなければ、勝者にはなれないのです。

では、どうすれば「利益を大きくする」ことができるのでしょうか？

その１つが、「トレーリングストップ」です。トレーリングストップの「トレーリング」とは、

「Trailing」、つまり「追跡する」という意味であり、値段を追いかけることを指します。

この手法を理解すれば、「上がってから売るよりも下がってから売るほうが儲かる」という意味を、より深く理解できるでしょう。

「トレーリングストップ」とは、現在の株価よりも少し低い価格にストップを設定し、株価が上昇するとそのストップも自動的に上昇していく機能です。そして、株価が下落に転じた時点で、そのストップで自動的に売却されます。

この手法は、株式取引をしている方にとって、非常に理想的な取引手法です。なぜなら、一度設定すれば、相場を見続けることなく、自動的に損切りや利益確定ができるからです。

会社員の方が副業で株式取引をしている場合、朝9時前に「トレーリングストップ」を設定しておくとよいでしょう。そうすれば、午後3時までにストップにかからない限り、利益を伸ばし続けることができます。仮に反落しても、損切りや最低限の利益が確定されます。まさに、会社員の副業に最適な機能です。

「自分が取引している証券会社ではトレーリングストップが利用できない」という場合もあります。その場合は、自分で「手動トレーリングストップ」を行えばよいのです。「手動トレーリングストップ」は、「逆指値注文」を使って行います。

たとえば、保有株が現在1000円の場合、950円に「逆指値注文」を設定しておきます。これで、株価が950円に到達すると、自動的に成行注文が執行され、確実に売却されます。

もし、株価が１１００円まで上がったら、「逆指値注文」の値を１０５０円に変更しておきます。これで、仮に株価が下落しても、最低50円の利益が確保されます。

さらに株価が１２００円に達した場合、「逆指値注文」を１１００円に変更するのです。

この方法を活用すれば、常に利益を確保しながら取引を行うことができ、利益が大幅に向上します。もちろん、最初に「買いエントリー」した直後にストップにかかると、少額ながら「損切り」となります。しかし、「買ったら下がった」という事態は、当初の想定外の出来事です。素直に負けを認め、迅速に「損切り」を行うことが、トレーダーとしての腕前の差として現れます。だからこそ、初心者こそ「トレーリングストップ」を活用すべきなのです。

「買い注文」が約定したら、すぐに「トレーリングストップ」を設定しましょう。そうすることで、上昇トレンドと思った株がただの「戻り」で買値を下回ったとき、自動的にストップが発動して「損切り」が完了します。株価が上昇していくのを確認したら、その都度「トレーリングストップ」を調整し、株価が上がるたびにストップも追随させるのです。これにより、最小限の「損切り」と、できるだけ高い売却での「利益確定」を両立させることができます。

チャンスを見逃さない

株式市場で成功を収めた勝ち組投資家たちは、損切りを迅速に行い、利食いはじっくりと時間をかけることが当たり前になっています。

しかし、この戦略は「言うのは簡単」ですが、実際に実行するとなると非常に難しいものです。株式市場は常に予想外の動きを見せ、投資家に大きなストレスを与えます。突然の株価変動によって、一瞬で含み益が含み損に転じることも珍しくありません。投資家であれば誰しも、一度得た含み益を失いたくないし、現在の含み損はすぐにでも消えてほしいと思うのが普通です。そのため、多くの一般投資家は利益を早めに確定し、逆に損切りは先延ばしにしてしまいがちです。

しかし、このような行動パターンを続けていると、損失が利益を大きく上回り、最終的には資産を大幅に減らす結果を招くことになります。

確かに、利食いを早めに行えば一時的に勝率は上がり、証券口座の資金も少しずつ増加するかもしれません。しかし、いざ大きな損失が連続した場合、その一時的な勝率の高さでは全く太刀打ちできず、蓄えてきた資金のほとんどを一気に失ってしまうリスクが伴います。

私はこれまでに、勝率が高いにもかかわらず、大損を経験した投資家を数多く見てきました。特に、デイトレードのような短期取引では、「利食いを早く行う」戦略が有効である場合もありますが、スイングトレードや中長期投資においては、早々に利食いを行ってしまうことは避けるべきです。含み益が実現損に変わるリスクを恐れずに、大きな利益を追求する姿勢が必要です。

相場には、年に1回から2回は非常に大きな動きが発生することがあります。これらは、飛躍的な上昇を見せる大相場や、逆に「奈落の底まで落ちる大暴落」などです。こうしたチャンスを見逃さずに活かすことが、投資家としての成功への道を切り開く鍵となります。

したがって、利益確定のタイミングを慎重に見極め、相場の大きな動きを捉えるための準備を常に怠らないようにしましょう。このような戦略が、長期的な投資成功への道筋となるのです。

コラム⑤／「稼ぐ人」「稼げない人」の違い

世の中には「稼ぐ人間」と「稼げない人間」がいます。最近では、すっかり耳にすることがなくなりましたが、ひと昔前まで日本人のほとんどが「自分は中流である」と思っていたのです。

しかし、インターネットの普及に伴いグローバル化や規制緩和が加速し、至るところで競争が激化すると、〝日本型社会主義〟とまで言われた平等社会は、瞬く間に崩壊し、いまや所得格差があるのは、周知の事実になっています。

その結果、あらためて浮き彫りなってきたのが、世の中には「稼ぐ人間」と「稼げない人間」と真っ二つに分かれるということです。

＊経営者でも、稼ぐ事業主と稼げない事業主がいる
＊会社の中でも、稼ぐ社員と稼げない社員がいる
＊飲食店でも、稼ぐオーナーと稼げないオーナーがいる
＊お笑い業界でも、稼ぐ芸人と稼げない芸人がいる
＊株式投資でも、稼ぐ投資家と稼げない投資家がいる

その違いは、いったいどこからくるのでしょうか？

稼げない人からすると、稼いでいる人は、自分にはない特殊な才能を持った凄い人のように見えるものです。頭の回転が早く、発想力にも優れ、記憶力もいい、そして何よりもすぐれたセンスも持っている。そして何より自分にはできないような、凄い努力をしているはずだ。そう思っているのかもしれません。

しかし、「稼いでいる人は、稼げない人よりも、何か特殊な能力を持っている」というのは、まったくの勘違いだと思います。私の知る限り、稼いでいる人は、特別な才能や能力などは持っているということではないのです。

稼いでいる人は、人間性が素晴らしいのかといえば、素晴らしい人もいますし、そうでない人もいるのです。稼いでいない人の中にも、人間性が素晴らしい人とそうでない人がいるのと同じです。

もし、稼いでいる人に才能や能力、魅力が備わっているように見えるとしたら、「稼いでいる」という結果があるから、そう見えているだけなのではないでしょうか？　逆に頭が下がるのは、儲かりもしないことを、いつまで経っても続けている人のほうです。ボランティアでもない限り、儲からないことを続けるは、このうえなく苦しいはずです。その苦しさを我慢しながら、いまだに本気になっていない、どこかで株式投資を甘く見ている、そのことが凄いのです。

株で、「ぼちぼち稼ぐ人」と、「なかなか稼げない人」の違いはたった1つです。株式投資を、甘く見ているのかどうか。それだけの差なのです。ただ本気になるだけで「そこそこ」なら勝てるようになるのです。

第6章　自分のルールをつくる

どんなときでも沈着冷静でいる

株式市場は、まるでジェットコースターのように上下に激しく動くことがあります。たとえば、ある日突然、保有している株が急落したり、逆に予想外の好業績で急上昇したりすることがあります。

このような激しい変動に直面したとき、あなたは冷静さを保つことができますか？　多くの人にとって、これは非常に難しいことでしょう。実際、多くの投資家が株価の動きに一喜一憂し、感情的になってしまいがちです。

株価が急落したときにパニックになって売り急いだり、逆に上昇が続いているときに興奮して買い増しすぎたりするケースがよくあります。

しかし、勝ち組投資家は、どんなに株価が乱高下しても感情的にならず、常に冷静に判断し行動することができます。

彼らは、株式市場が好調なときも不調なときも、自分の体調や気分に関係なく、一貫して損失を最小限に抑え、利益を最大化することに集中します。

強固なルールをつくる

勝ち組投資家と負け組投資家の違いは何でしょうか？　それは「心から信じることができる強固

なルールに基づいて売買をしているかどうか」という点です。負け組投資家は強固なルールを持っていないため、冷静でいようと努力しても、重要な局面で感情が先走り、理性的な判断ができなくなってしまいます。

たとえば、ある株が大きく値下がりしたとき、冷静な判断では「損切りをすべきだ」とわかっていても、感情的になると「もう少し待てば戻るかもしれない」と思ってしまい、結果的に損失が膨らんでしまうことがあるのです。

あなたは、投資で利益が出たときに喜び、損失が出たときに落ち込みますか？　もしそうだとすれば、それはまだ感情に左右されている証拠かもしれません。真の勝ち組投資家になるためには、これらの感情を抑え、冷静に判断する必要があります。彼らにとって、利益も損失も単にルールに従った結果に過ぎません。

長期的に株式投資で成功したいのであれば、まずは自分なりの強固なルールをつくることから始めましょう。そして、そのルールを完全に信頼し、どんな状況でも忠実に従うのです。

自分で具体的なルールを決めて、それを厳守するのです。感情ではなく理性に基づいて行動できるようになれば、突然の大きな損失を避けられるようになり、より安定した投資成果を上げられるようになるでしょう。

これは一朝一夕には身につきませんが、継続的な努力と経験を重ねることで、必ず身につけることができるスキルなのです。

株式投資は自由

株式投資は、買うのも売るのも、休むのもすべて自由です。しかし、この自由を最大限に活かして成功するためには、自分だけのルールを持つことが必要です。経験を積むうちに、多くの投資家がこのことに気づきます。実際に、長く市場で生き残っている投資家は、皆それぞれのルールを確立し、それを守っています。

ただし、自分のルールをつくることは簡単ではありません。株式投資には決まった正解がないため、自分で試行錯誤しながら最適なルールを見つけなければならないのです。

そして、一度つくったルールを守ることが重要です。なぜなら、ルールを破ることは、破滅への第一歩になるからです。

もちろん、人は一度はルールを破ることがあります。それ自体は仕方のないことかもしれません。しかし、同じルールを何度も破るようでは問題です。そのような状況では、ルールが十分に機能していないか、投資家自身がルールを軽視しているのかもしれません。成功する投資家は、一度決めたルールをいかなる状況でも守り抜きます。

初心者は、しばしば簡単にルールを破りがちです。しかし、それは大きな損失につながります。ルールを破る投資家は、市場から退場するか、資金を失って再び失敗することが多いのです。ルールを守ることこそが、投資で生き残り、成功するための鍵なのです。

ルールをつくるのは簡単、守るのが難しい

株式投資で成功するには、ルールを守ることが不可欠です。どんなに才能があっても、ルールを守らない人は市場で生き残れません。少し経験を積んだ投資家なら、株を買う前に、いろいろな計画を立てるはず。「どのタイミングで買うか」「何株買うか」「いくらになったら売るか」「どこで損切りするか」といった基本的な作戦です。計画の内容が完璧でなくても、自分で決めたルールを守ることが、成功への第一歩なのです。

初心者は、ついつい自分のルールを破ってしまいがちです。特に多いのが、損切りのルールを守れないことです。

たとえば、「この価格まで下がったら売る」と決めていても、実際にその状況になると損失を確定させたくない気持ちが湧き上がり、ルールを無視してしまいます。「そのうち株価は戻るだろう」と根拠のない希望に頼ってしまうのです。

私自身も若い頃、ルールを破りました。その結果、それまで儲かった資金の大部分を失ってしまう経験をしました。しかし、これを教訓にルールを守る重要性を学びました。今では、どんな状況でもルールを守るよう徹底しています。なぜなら、ルールを守り続けることで、長期的にはお金が増えることを実感したからです。

ルールをつくることも重要ですが、それ以上に大切なのは、そのルールを信じて守り抜くことで

す。信じられるルールをつくるには、しっかりと検証を行い、どんな状況でも有効なものにする必要があります。

こうして、自信を持ってルールを守れるようになると、感情に流されることが減ります。そして、感情に振り回される初心者から、規律を持った株式投資家へと成長できるのです。

これは一朝一夕では身につきませんが、株式投資で成功するためには非常に重要なことです。自分のルールを守り続けることで、長期に渡って株式投資で成功し続けることができるということです。

わかっているけどできない

人間誰しも、「わかっているけどできない」ということはよくあります。特に、投資で負けているときに自分のつくったルールに従うのは非常に難しいものです。損失を取り返そうと感情的になり、冷静な判断ができなくなってしまう人が多いのです。

「負けが続いたら、休む」と決めていたのに、損失を取り返したい気持ちが勝ってしまい、無駄な取引をして損失を増やしてしまうというケースがよくあります。

初心者投資家ほど、このようなルール破りが多くなりがちです。

しかし、これは非常に危険な行為です。なぜなら、ルールを破ることで大きな損失を被る可能性が高まるからです。

罰則のないルール

社会のルールを破ると罰則がありますが、個人投資家として自分でつくったルールを破っても、誰も罰してくれません。一見、これは投資家にとって有利に思えるかもしれません。しかし実際は、罰則がないぶん自制が効きにくくなり、自分の間違いを認めるべきときに認められなくなってしまうのです。

結果として、小さな損失で済んだはずのものが、致命的な大損失に発展してしまうことも多々あるのです。これこそが、自分でつくったルールを破ることの真の「罰則」と言えるでしょう。

自分でつくったルールは、どんなに厳しい状況でも守り抜く必要があります。たとえ短期的には辛い決断になるかもしれませんが、長期的には自分を守ることになるのです。

株式投資の世界で成功し、生き残っていくためには、自己規律を保ち、自分で決めたルールを厳守することが不可欠です。これは簡単なことではありませんが、継続的な努力と経験を重ね、身につけましょう。

損切りの3つの基本ルール

損切りは、株式投資で成功するための最も重要な技術の1つです。本節では、損切りに関する3つの基本ルールをご紹介します。この3つのルールをしっかり守ることで、1回の失敗で市場から撤退しなければならない事態を避けることができます。損失を最小限に抑え、次のチャンスを生かすための重要な指針です。

ルール①／1回の損失は、口座資金の「5％」まで

まず最初のルールは、1回の取引での損失を「5％」までに制限することです。具体的には、あなたの証券口座にある資金の5％に達したら、迷わずそのポジションを手仕舞いするというものです。

このルールを守ることで、たとえば100万円の資金を持つ投資家は、1回の取引での最大損失を5万円に抑えることができます。資金が1000万円であれば、最大損失は50万円になります。

この5％ルールを採用した場合、具体的にどうなるのかを見てみましょう。

たとえば、300万円の口座資金で株を購入したとします。この場合、300万円の5％は15万円です。つまり、1回の取引での最大損失額が15万円となります。

もし1000円の株を購入し、利食いを1200円、損切りを900円に設定した場合、あなたは最大で1500株購入することができます。

一方、利食いを1100円、損切りを950円に設定した場合は、3000株購入することが可能です。

どちらの場合も、損切りが実行されると損失は15万円となります。

なぜ5%なのか？

損切りの5%ルールは、特に初心者にとって効果的な基準です。ある程度経験を積んだ投資家は、損失を2%以下に抑えることを目指すことが一般的ですが、初心者にとってこの目標は難易度が高いのです。

2%の損失を目指すと、少しの値動きで損切りが発生してしまい、結果として株数を少なくしすぎるリスクが出てきます。

そのため、損失を最小限に抑えつつ、実際の取引量を確保できる5%が、初心者にとっては適切なラインなのです。

5%の損失ルールを守ることで得られるメリット

この5%のルールを守ることにより、リスクを管理しつつ、次の投資に備えることができます。大切なのは、1回の損失で大きく資金を減らさないことです。

これにより、たとえ損失が発生しても、冷静に次の投資チャンスを見つける余裕が生まれます。損切りを恐れず、適切な資金管理を行うことで、長期的に見て勝ち組投資家へと成長することができるのです。

次の章では、より具体的な資金管理の技術について説明していきます。難しいと感じるかもしれませんが、心配はいりません。これらの技術は、誰にでも実践可能であり、しっかりと習得することで、株式投資の成功率を大幅に向上させることができるのです。

ルール②／1か月間の損失は、口座資金の「10％」まで

次にご紹介する2つ目のルールは、1か月間の最大損失額を「10％」までに制限するというものです。

このルールの目的は、1か月間の売買による合計損失が口座資金の10％に達した時点で、それ以降のトレードを一切停止し、月末まで冷静さを取り戻すための期間を設けることです。

具体的には、月初に300万円の口座資金があった場合、その10％は30万円となります。この月に出してもいい損失の最大値は30万円です。もし損失が30万円に達した場合、すべてのポジションを手仕舞いし、現金化します。

そして、月末までの間は一切の売買を控え、自分自身を見つめ直す期間とします。

この「10％」という数字は、前回の「5％ルール」と同様に、実際には大きいかもしれません。

経験豊富な投資家であれば、通常、1か月間の損失額を5％以下に抑えることが理想的です。

しかし、初心者投資家の場合、株数を少しでも増やせばすぐに5％の損失に到達してしまい、逆に株数を減らせば利益の少なさに不満を感じることが多いでしょう。

そのため、初心者にとっては、10％の損失を目安にし、損失が10％に達したらその月は売買をやめ、冷静になるための時間を設けることが推奨されます。

このルールを守ることで、焦りや過剰なリスクを回避し、次の月に冷静な気持ちで再スタートを切ることができるでしょう。

ルール③／負けたら損失許容金額を下げる

2つ目のルールである「1か月間の損失は、口座資金の10％まで」に加え、3つ目のルール「負けたら損失許容金額を下げる」を適用してみましょう。

このルールの目的は、負けた後にリスクを抑えることで、さらなる損失を防ぐことです。

例として、口座資金が100万円でスタートした場合を考えてみます。もしも3か月連続で負けた場合、どのような結果になるかを見ていきましょう。

まず、1か月目の口座資金は100万円です。その10％である10万円がその月の損失許容額となります。1か月目に10万円を失った場合、その月の売買はそこで終了となり、残りの口座資金は90万円になります。

次に、2か月目は90万円の口座資金でスタートします。この10％にあたる9万円がこの月の損失許容額です。もしもこの月も同じく9万円の損失が出た場合、その時点で売買を終了し、口座資金は81万円に減少します。

同様に3か月目は81万円の口座資金でスタートし、この10％である8万1000円が損失許容額となります。3か月目も同じように8万1000円の損失が発生した場合、この月の売買も終了し、最終的に残る口座資金は約73万円になります。

このように、「1か月間の損失は口座資金の10%まで」というルールに従い、さらに「負けたら損失許容金額を下げる」を適用することで、3か月連続で負けた場合でも残高は73万円となり、100万円のスタートから27万円の損失に抑えることができます。

この数字を見ると、3か月で27万円もの損失は大きいように感じるかもしれません。しかし、実際には多くの個人投資家が、3か月連続で負けた場合、さらに大きな損失を抱えてしまうことが多いのです。

ここで重要なのは、負けた後にはリスクを減らすことが求められるという点です。1か月目には10万円をリスクにさらせたものの、2か月目には9万円、そして3か月目には8万1000円と、リスクを徐々に減らしていくことが必要です。中には、損失を取り戻そうと焦って投資額を増やす人もいますが、このルールではそれを禁じています。

このルールは、損失が膨らむことを防ぐために設けられたもので、損失許容金額は勝ったときにのみ上げることが許されます。負けたときには必ずリスクを抑え、次のチャンスを冷静に待つことが勝利への鍵となるのです。

プロでもルールを破れば負ける

前節で、損切りに関する3つのルールをお伝えしました。この3つのルールを守ることで、少なくとも必要以上にリスクを取ることはなくなります。口座資金に対してリスクが大きすぎると、いずれ自滅してしまいます。

すべての投資家は金持ちになりたいという願望を持って株式市場に入ってきます。特に短期間で大金を稼ぎたいと思っている人は、そのために大きなリスクを取る傾向があります。しかし、このような欲望が原因で、多くの投資家は株式市場に足元をすくわれ、長く生き残ることができません。

ここで一度、あなたの投資履歴を振り返ってみてください。何回、大きく負けたことがありますか？

典型的な負け組投資家は、一度の大きな負け、または2・3回の連続した負けで、資金の大部分を失っています。たとえ5回連続で勝ったとしても、たった一度の大きな負けで、すべてを失ってしまうことがあります。10連勝しても、たった一度の取引で元金すら減らしてしまう人もいます。

このような結果になるのは、適切なリスク管理のルールを持っていないからです。

前に述べた5％ルール、10％ルールを守っていれば、リスクを必要以上に大きくすることはありません。

多くの投資家は、自分の相場観に自信があるときや、大きく負けた後に、何とか取り返したいと考えてしまい、普段よりもリスクを大きく取ってしまいます。

しかし、早くお金持ちになりたいからといって、リスクを大きくすると、逆に早く貧乏になってしまうでしょう。勝ち組投資家は、そのときに自分が取るべきリスクを冷静に理解し、決して欲望に流されることはありません。

どのような状況であっても、3つの損切りルールを破ってはいけません。ルールを破れば、どんなに経験豊富なプロでも負けてしまうのです。

取引分析をして、マイルールをつくる

ここで、運用成績向上に最も効果を期待できる取引分析と投資スタイルの改善方法について、取り上げます。

まずは、同じ失敗を繰り返していないか？　自分自身に問いかけてください。

株は、売り手と買い手の戦いです。

スポーツでも、囲碁将棋でも、商取引においても何でもそうですが、人と人の戦いにおいて絶対的に勝てる法則と言うものはありません。サッカーのフォーメーション、将棋の戦法、ビジネスであればさまざまな広告、など、必勝パターンは数多くありますが、それが上手くいくかどうかは本人次第です。

そんな中、株で勝てるようになるためには、失敗と成功を繰り返しながら、自分の性格や生活スタイルに合った株式投資手法を構築していくしかないと言えるでしょう。

ところで、あなたは、どのような順番で株式投資に取り組んでいますか？

よく見られる株式投資への取り組み方は次のようなパターンです。

①セミナーを受けたり、株本を読んだりして、株式投資の勉強をする
②実際に株の売買をしてみるものの、簡単に儲からない
③「今のノウハウはダメだ」と見切りをつけて、他のノウハウを探す
④このプロセスを延々と繰り返す

ここで何が悪いのかと言うと、損をしたのは、自分が悪いにも関わらず、負けた原因を人のせいにしていることです。これを繰り返している間は、根本的な改善策が見つかることはなく、負けては、他のノウハウを探すという負け組投資家の無限ループに陥ってしまうのです。

取引分析は重要

個人投資家の中には、株式市場や個別銘柄の分析は必死にするけれども、自身の取引履歴を分析しない人が多くいます。お金が増えたか？　減ったか？　はわかるけれども、その原因を把握していない。そんな大雑把な状況把握では株で勝てるわけがありません。

過去の取引履歴を振り返ることにより、自分がどのような状況で損をすることが多いのかという「負けパターン」が明確になります。また利益が出た取引に関しても、「もう少し利益を増やせる方法があったのではないか」という考察ができます。

自分の取引分析ができれば、今後「負けパターン」を避けることで損失を減らし、できるだけ勝ち金額を伸ばすことで、利益が増えるのです。

統計表をつくる

自身の売買履歴を元に統計表をつくりましょう。これまで、どのくらい儲かっているのか、どれだけ損をしているのかがわからなければ、改善のしようがありません。現状を正確に把握するためには、数字に基づいたデータが不可欠です。

統計表には、勝ち取引数、負け取引数、勝率、勝ち金額合計、負け金額合計、トータル損益額、平均勝ち金額、平均負け金額、平均損益額、損益率（勝ち金額合計÷負け金額合計）などを含めましょう。

これらのデータをまとめることで、取引の全体像が見えてきます。なお、この統計表に含めるべきなのは、期間内に売却した銘柄の確定損益のみであり、保有中の銘柄の評価損益は含めないようにしましょう。評価損益はまだ確定していないため、実際の成果を反映しないからです。

特に重要な指標は、勝率と損益率です。なぜなら、この2つの組み合わせが「勝ち組」と「負け組」を分けるからです。自分の投資スタイルがどちらに属しているのかを把握するために、まずはこれらの指標に注目することが大切です。

勝率は1勝1敗で十分

勝率とは、売買取引を行った銘柄のうち、利益を確定できた取引の割合を示しています。もちろん、勝率が高いに越したことはありませんが、勝率にこだわり過ぎると、利益を早く確定しようと焦るあまり、結果として利益金額が少なくなりがちです。したがって、あまり勝率に執着するのはおすすめできません。

株式市場において絶対に確実なものなど存在しないと割り切って考えましょう。1勝1敗、つまり勝率50％でも十分に成功する可能性があります。実際、株式投資では予測が外れることが多く、損切りをこまめに行えば、勝率自体は下がることが普通です。

とは言うものの、勝率が極端に低い（たとえば30％以下）の場合は、売買のタイミングや選定基準に改善が必要です。しかし、50％近くの勝率があるのであれば、大きな問題はありません。

つまり、勝率５割を目指し、２回に１回は負けることを前提にした戦略を立てましょう。この戦略に基づけば、損失を最小限に抑えながらも、トータルで利益を出すことが可能になります。重要なのは、個々の取引に一喜一憂せず、全体のバランスを考えて利益を上げることです。

勝率よりも損益率

株式投資において、多くの投資家は勝率に注目しがちです。勝率が高ければ成功していると思い込むのは自然なことです。しかし、実際には勝率よりも損益率のほうがはるかに重要です。損益率が投資の成否を決定すると言っても過言ではありません。

損益率とは、株式売買における損切り金額と利食い金額の比率を示すもので、次のように計算されます。

損益率=勝ち金額合計 ÷ 負け金額合計

この数値が1以上であれば、たとえ勝率が50%（つまり、2回に1回しか勝てない状態）であっても、利益が損失を上回る状況をつくり出しているということです。

逆に、どれだけ高い勝率を誇っていても、損益率が1を下回ってしまえば、最終的に損失が利益を上回り、資産を減らしているということになります。

事例①：高勝率でも損益率が低い場合

ある投資家が10回の取引を行い、そのうち8回は勝ち、2回は負けたとします。この場合、勝率は80%と非常に高いです。しかし、もし8回の勝ち取引の平均利益が5万円で、2回の負け取引の平均損失が30万円だったとします。すると、損益率は次のようになります。

- 勝ち金額合計：5万円 × 8回 = 40万円
- 負け金額合計：30万円 × 2回 = 60万円
- 損益率：40万円 ÷ 60万円 = 0.67

このような状況では、勝率がいくら高くても、トータルでは20万円の損失となります。つまり、勝率が高いにもかかわらず、損益率が低いために資産を減らしてしまうという結果になります。

事例②：低勝率でも損益率が高い場合

別の投資家が、同じく10回の取引を行い、そのうち4回は勝ち、6回は負けたとします。この場合、勝率はわずか40％です。

しかし、4回の勝ち取引の平均利益が50万円で、6回の負け取引の平均損失が10万円だったとします。

損益率は次のようになります。

- 勝ち金額合計：50万円×4回＝200万円
- 負け金額合計：10万円×6回＝60万円
- 損益率：200万円÷60万円＝3・33

この投資家は、勝率こそ低いものの、損益率が非常に高いため、トータルでは140万円の利益を得ています。つまり、勝率が低くても、損益率を高く保つことで、最終的に資産を増やすことが可能になるのです。

損益率を高める戦略

一般的な個人投資家は、利益が出たときはわずかな利益で売却し、損失が出たときは損切りを先延ばしにする傾向があります。これでは、損益率が低くなりがちです。
損益率を高めるためには、次の３つのような戦略が有効です。

戦略①：利益を伸ばす

利益が出始めたら、すぐに利食いをせず、トレンドが続く限り利益を伸ばすことを意識しましょう。たとえば、「トレイリングストップ」を活用して、株価が上昇するたびに売り注文を引き上げることで、最大限の利益を確保できます。

戦略②：早めの損切り

損失が出始めたときに、すぐに損切りすることが重要です。損失を最小限に抑えることで、トータルの損益率を高く保つことができます。

戦略③：冷静な判断

感情に左右されず、冷静に状況を判断することが必要です。勝率を気にしすぎると、利益を伸ばすチャンスを逃しがちですので、損益率に重きを置いた判断を行いましょう。

株式投資で成功するためには、勝率よりも損益率を重視することが不可欠です。損益率を１以上に保つことで、たとえ勝率が低くても、長期的に資産を増やすことが可能です。勝率だけにとらわれず、損益率を高めるための戦略をしっかりと実践しましょう。

これこそが、持続的に利益を上げるための最も確実な方法です。

負けた取引の共通点を探す

株式投資において成功するためには、まず自分の取引結果を冷静に分析し、特に「負けた原因」を徹底的に掘り下げることが重要です。通算損益を把握したら、次に行うべきことは、負けた取引の共通点を見つけ出し、それを基にマイルールをつくることです。

負けた取引を振り返るのは決して気持ちのよい作業ではありませんが、投資収益を改善するためには避けて通れないプロセスです。

負けた原因を特定するためには、まず「負け取引」をリストアップし、損失額の大きい順に並べ替えます。その後、各取引について企業業績やチャートを確認し、「なぜ損をしたのか」を自分なりに考察します。

多くの場合、ほんの数銘柄で大きく負けており、それらが全体の収益を大きく押し下げていることがわかります。株式投資の世界では「たら・れば」は禁句ですが、もし「負け取引のトップ５」がなければ、全体の投資収益も大幅に改善されていた可能性が高いのです。

この分析の目的は、自分の「負けパターン」を特定し、それを回避するためのマイルールを策定することです。

次に、初心者投資家にありがちな負けパターンの事例を詳しく説明します。

負けパターン①／リベンジ売買

「リベンジ売買」とは、損失を取り戻そうとする焦りから、感情的に次の取引に臨むことです。

たとえば、ある投資家が大きな損失を出した直後、冷静さを欠いた状態で再び市場に飛び込むとしましょう。この場合、取引の根拠が薄くなりがちで、十分な分析をせずに株を買ってしまうことが多く、結果としてさらに損失を拡大させるリスクがあります。

リベンジ売買は、失敗を重ねる典型的なパターンです。

負けパターン②／ポジポジ病

「ポジポジ病」とは、常に市場に参加していたいという欲望から、根拠のないエントリーを繰り返してしまう心理状態です。

たとえば、ある投資家が「今ポジションを持っていないと機会を逃すかもしれない」という不安に駆られ、十分な調査をしないままエントリーしてしまうと、結果として損失を被る可能性が高まります。

このような無計画な取引が続くと、損失が膨らみ、収益の安定性が損なわれます。

負けパターン③／近視眼的な取引

「近視眼的な取引」とは、短期的な値動きにばかり目を奪われ、株価の全体的なトレンドを見失ってしまうことです。たとえば、日々の値動きに一喜一憂してしまい、長期的な投資戦略を見失うケースがあります。このような状況では、短期的な変動に翻弄されて、思わぬ損失を被ることが多くなります。株価の全体的な流れを把握することが、安定した投資を続ける上で非常に重要です。

負けパターン④／天底狙い

「天底狙い」とは、株価の天井や底値を正確に予測しようとする行為です。熟練したプロの投資家ならまだしも、初心者がこの手法を試みると、タイミングを外して大きな損失を被ることが少なくありません。

たとえば、株価が急上昇しているときに「これ以上は上がらないだろう」と考えて売りに出たり、逆に株価が下がり続けているときに「これ以上は下がらないだろう」と考えて買いに入ったりすると、その後に市場が予想に反して動いた場合、損失が拡大します。

負けパターン⑤／他人の相場観の影響を受ける

「他人の相場観に影響される」とは、他人の意見や予測に頼って取引を行うことです。株式投資は、すべて自己責任で行うべきものであり、最終的な判断は自分自身で下さなければなりません。

たとえば、インターネット上の情報や他の投資家の意見に振り回されて、冷静な判断ができなくなってしまうケースがあります。

このような状況では、自分の投資判断が曖昧になり、結果として損失を招くことが多いです。株式投資で成功するためには、他人の意見に左右されず、自分を信じることが不可欠です。

負けを減らすルールの策定

これらの負けパターンを分析することで、自分が陥りやすいミスを明確にし、それに基づいてマイルールを策定することが重要です。同じミスを繰り返さないための具体的な再発防止策を考えましょう。

たとえば、次のようなルールを設けるとよいでしょう。

負けを減らすルール①／冷却期間を設ける

負けた直後は、次の取引にすぐに飛び込むのではなく、一定の冷却期間を設け、感情を落ち着けたうえで次の取引に臨むようにします。

負けを減らすルール②／エントリーの根拠を明確にする

ポジションを取る前に、事前にしっかりとシナリオを描き、そのシナリオに基づいて売買を行うように心がけます。

負けを減らすルール③／長期のチャートを確認する

短期的な値動きに惑わされないよう、必ず長期のチャートを確認し、全体のトレンドを把握してから取引を行うようにします。

負けを減らすルール④／流れに逆らわない

トレンドに逆らう取引を避け、難しい局面では無理にエントリーしないことを心がけます。

負けを減らすルール⑤／失敗時のシミュレーション

失敗したときの値動きや自分の感情をあらかじめ想定し、その対策を立てておくことが大切です。

自分の取引を冷静に分析し、負けパターンを特定してマイルールをつくることで、株式投資の成功確率を高めることができるでしょう。これが、安定した投資成果を上げるための第一歩です。

マイルール採用後の損益をシミュレーションする

ここまで対策を講じてきた結果、あなたの損失は確実に減少しているはずです。しかし、その効果を本当に実感するためには、実際に数字で確認することが不可欠です。

そこで、今すぐマイルールを採用した場合の損益をシミュレーションしてみましょう。細かく計算する必要はありません。大まかな再計算で構いませんが、その数字があなたの投資行動を根本から変える力を持っているのです。

数字を見ると、改善せざるを得ない

これをすることで、多くの初心者投資家は、いくつかの重要な事実に気づくでしょう。

たとえば、損切りのタイミングが遅かったことに気づくはずです。株価が下がり続けているにもかかわらず、「もう少し待てば反転するかもしれない」という期待から、適切なタイミングで損切りができなかったことが明らかになるでしょう。

また、全体の流れに逆らって取引をしていたことに気づくこともあります。市場全体が下落傾向にあるにもかかわらず、「この銘柄だけは違う」という根拠のない自信でエントリーし、結果的に大きな損失を被ったことはありませんか。

他に、事前のリサーチや計画が不足していたことにも気づくでしょう。取引前に十分な情報収集をせず、直感や感情に基づいてエントリーしてしまったことが、失敗の一因だったことが数字を通して見えてくることもあります。

このように、自分の取引結果を数字で確認することで、「もっと早めに損切りしておけばよかった」

「全体の流れに逆らうべきではなかった」「事前のリサーチをしっかりしていれば」といった反省点が明確になるのです。

そして、これらの反省から「今後は同じミスを繰り返してはならない」という強い決意を新たにすることができるようになります。

利益を伸ばすためのルールの策定

損失を最小限に抑える改善策が整ったら、次に取り組むべきは「どのようにして利益を最大化するか」を検討することです。

株式投資において、利益を伸ばすことは損失を防ぐのと同様に重要な課題です。せっかくのチャンスを最大限に活かせるかどうかが、長期的な投資成果に大きな影響を与えるからです。

まず、自分の売買履歴から「勝った取引」を抜き出し、利益額の大きい順に並べ替えます。その後、チャートや市場動向などを参考に、利食いのタイミングについて「利食いが早すぎなかったか」「利益を伸ばせるチャンスを見逃していなかったか」などを詳細に検討します。

この分析を通じて、過去の取引でどのようにすれば利益をさらに増やせたかを見極めることができます。

次の４つは、利益を伸ばすためのルールの事例です。

利益を伸ばすルール①／部分的な利食い

株価が上昇している際、最もよいタイミングで手仕舞いするのは非常に難しいです。

そこで、一度にすべての株を売却するのではなく、2〜3回に分けて部分的に利食いすることで、リスクを分散しつつ、さらなる上昇を狙うことができます。

たとえば、最初の目標価格で半分を売却し、その後も上昇が続く場合に残りを段階的に売却することで、利益を最大化するチャンスをつかむことができます。

利益を伸ばすルール②／調整局面での忍耐

株価が上昇する過程で、一時的な調整や下落が発生することがあります。

このような局面で焦って利益確定を急いでしまうと、その後の大幅な上昇を逃すことになります。

調整局面で気持ちをぶらさず、トレンドが続いているかどうかを見極め、冷静に対応することで、長期的な利益を追求できます。

利益を伸ばすルール③／再エントリーの準備

株価が一時的に下がり、自分が振り落とされてしまった場合、一旦損切りするのは仕方がないことです。しかし、その後株価が再び上昇し始めたときに再エントリーできるよう、あらかじめ準備を整えておくことが重要です。

これにより、初回の損失を最小限に抑えつつ、再び利益を狙うチャンスを得ることができます。

利益を伸ばすルール④／ここぞというときの集中投資

確信が持てる絶好の機会が訪れた場合、リスクを許容できる範囲で株数を増やして集中投資することも、利益を大きく伸ばす戦略の1つです。もちろん、リスク管理が欠かせませんが、強いトレンドが発生しているときに果敢に攻めることで、大きなリターンを得る可能性が高まります。

以上が、利益を伸ばすためのルールの参考例ですが、ご自身の売買履歴を振り返り、ご自身で利益を伸ばすためのルールを作成してみましょう。そして、ルールを実行した場合とルールを実行しなかった場合とでは、どれだけ利益に差が出るかを計算してみましょう。もちろん結果がわかったものに基づいてマイルールを作成しているので、成功率が高まるのは当然のことです。

しかし、他人の成功事例よりも、ご自身の売買履歴を元に、ルールをつくっていったほうが効果的であることは言うまでもありません。

さらに、重要なことは、単にルールをつくるだけでなく、常に「利益を伸ばそう」という意識を持ち続け、状況に応じてマイルールを改善し続けることです。こうした継続的な努力こそが、投資収益を少しずつ、しかし確実に向上させていく鍵となります。利益を伸ばすための努力を惜しまず、常に最善を追求する姿勢が、長期的な成功への道を切り開いてくれるでしょう。

自分のルール（マイルール）をつくる

株式投資で成功するためには、自分自身に合ったマイルールを持つことが不可欠です。これまでの改善結果を基に、具体的なマイルールを作成していきましょう。

次に、マイルールの参考例を解説します。

マイルール①／取り組む手法は1つに絞る

投資の手法は数多くありますが、最初は1つに絞ることで成功率が高まります。たとえば、短期売買（デイトレード）に取り組む場合、それに集中することで、時間のかかる長期分析に気を取られることなく、素早い判断と対応ができるようになります。

また、逆に長期投資に専念するならば、日々の値動きに惑わされることなく、企業のファンダメンタルズを深く理解する時間を確保できます。

いずれにしても、特定の手法に集中することで、その手法における成功率を高めることができるのです。

マイルール②／買いか、売りか、目線を固定する

「買い」か「売り」かの目線を固定することで、迷いを減らし、シンプルな判断を下すことが可

能になります。たとえば、上昇トレンドが確認されている市場では、「買い」の目線を固定して、利益を狙います。反対に、下降トレンドが見られる場合は「売り」をメインに考えます。

目線を固定することで、相場の反転に惑わされず、冷静に取引ができるようになります。

マイルール③／事前にピックアップした銘柄以外は売買しない

事前に選定した銘柄リストに従うことで、突発的な感情に流されて誤った取引をするリスクを減らすことができるでしょう。

たとえば、週末に来週の売買候補銘柄を3つに絞り、各銘柄のチャートやファンダメンタルズを詳細に分析しておくと、いざ市場が開いたときに冷静な判断ができます。

この方法は、特に初心者が過剰な取引を避け、計画的な投資を実行するために有効です。

マイルール④／ネットの掲示板や個人投資家のブログを見ない

ネット上の情報に左右されず、自分自身の分析に基づいて行動することが重要です。

たとえば、ある銘柄についてネットでポジティブな情報が流れていると、それに影響されて買いを急いでしまいがちですが、その結果として、自分の分析と異なる方向に進んでしまうことがあります。

ネット情報に頼らず、自分の判断を信じることが、長期的に成功するための鍵となります。

マイルール⑤／3連敗したら休む

連敗が続くと冷静な判断が難しくなるため、休息を取ることが必要です。

たとえば、3回連続で損失を出した場合、一度取引を止め、原因を分析し、心を落ち着ける時間を持つことで、次の取引に臨む際に冷静さを取り戻せます。

このルールを守ることで、損失を最小限に抑え、再度取引に挑む際に成功率を高めることができます。

マイルール⑥／損失が一定額を超えたら、その月はやらない

損失が一定額を超えたら、その月の取引をストップすることで、損失を抑えます。

たとえば、月に10万円以上の損失を出したら、その月の残りは取引を一切行わないというルールを設けることで、大きな損失を防ぐことができます。

これにより、感情的な取引を避け、資金管理を徹底することができます。

マイルール⑦／損切りを躊躇しないよう逆指値注文を使う

損失を最小限に抑えるために、逆指値注文を活用することが有効です。

たとえば、株価が一定の水準まで下がった場合に自動的に売却されるよう設定することで、感情的な判断を排除し、計画的な損切りが可能になります。

これにより、大きな損失を未然に防ぎ、資産を守ることができます。

マイルール⑧／ザラ場は株価を見ない

取引時間中に株価を頻繁に確認すると、焦って不必要な取引を行うリスクが高まります。

そこで、ザラ場中は株価を見ないというルールを設け、取引の開始前や終了後にだけチェックするようにします。これにより、感情に左右されず、冷静に取引を続けることが可能です。

マイルール⑨／自分と反対側のポジションを取る人の気持ちを考える

自分が買いポジションを取る際には、売りポジションを取る人の考えを想像し、その根拠を分析することで、よりバランスの取れた判断ができるようになります。

たとえば、「なぜ他の投資家は売りを選んでいるのか？」と考えることで、相場の見方が広がり、自分の判断に対する自信が高まります。

マイルール⑩／決算発表前は避ける

決算発表前は、株価が大きく変動するリスクがあるため、取引を避けるというルールを設けるとよいでしょう。

たとえば、決算発表直前に株を持ち越すリスクを避け、発表後に市場の反応を確認してから取引を行うことで、大きなリスクを回避できます。

以上が、ルールの参考例です。ここで大事なことは、これらの他人のルールをそのまま取り入れるのではなく、自分自身の経験や失敗から学び、オリジナルのマイルールをつくり上げることです。最初はルールが少なくても、取引を重ねる中で失敗や成功を分析し、少しずつルールを増やしていくことで、自分にとって最適な投資スタイルが確立されます。

成功のカギは、自分自身の取引を振り返り、常に改善を重ねる姿勢にあります。ルールをつくり、それを守ることで、投資収益を安定して向上させることができるのです。

検証と改善を行う3つのタイミング

株式投資において、取引を振り返り、検証と改善を行うことは非常に重要です。特に次の3つのタイミングでの検証が効果的です。

タイミング①／3か月ごとに締める

定期的に3か月ごとに取引を総括することは、パフォーマンスを評価するうえで適切な間隔です。なぜなら、3か月は1つの四半期に相当し、企業の業績発表や市場のトレンドを分析するのに十分な期間だからです。3か月という期間は、市場のトレンドや自分の戦略が正しく機能しているかどうかを判断するための安定した期間と言えます。このタイミングでの検証により、自分の手法が短期的な市場の変動に対してどのように機能しているかを確認できます。

また、3か月ごとに振り返ることで、適度な頻度で修正を加えることができ、大きな誤りやリスクを未然に防ぐことができ、次の期間に向けた戦略の調整が可能になります。

タイミング②／大負けをしたとき

大きな損失を出した直後は、最も反省と学びが必要なタイミングです。このタイミングでの検証は、感情的な反応を避け、冷静に状況を分析するために極めて重要です。大負けの原因を徹底的に分析し、自分の手法に潜む弱点や、市場の予測が外れた理由を明らかにすることができます。

今まで学んできたプロセスを通じて、同じ過ちを繰り返さないための新たなルールや対策を講じることができるでしょう。

タイミング③／新しい手法を試してみるとき

新しい手法を試すときは、その効果を確認するために特に注意深く検証を行う必要があります。新手法の導入時には、最初の結果が期待通りであったとしても、それが偶然なのか、再現性があるのかを判断するために、継続的な検証が欠かせません。

また、新しい手法が自分の既存の投資スタイルにどのように影響を与えるのかを確認し、必要に応じて全体の戦略を調整することが重要です。最初は、損切り位置を遠目に設定し、株数を少なくして、リスクが少ない状態からスタートし、上手く機能するようであれば、徐々にリスク強要度を上げていきましょう。このようにして、検証と改善のプロセスを通じて新手法が自分の投資スタイルに適しているかどうかを見極めることができるのです。

ここまで述べてきたように、自己の売買分析と投資手法の改善は、株式投資において非常に重要です。しかし、これは一度行えば終わりというものではありません。むしろ、株式投資を続ける限り、絶えず繰り返すべきプロセスです。なぜなら、市場環境は常に変化しており、過去に通用した手法が未来でも同じように通用するとは限らないからです。継続的に検証と改善を行うことで、自分の投資戦略が現状に適しているかどうかを確認し続ける必要があります。

これにより、少しずつ自分の投資収益を高め、長期的な成功を手にすることができるでしょう。

コラム⑥／株価は噴水に乗っているビーチボール

株の売買って、変わった世界だなあ、と私は常々思っていました。株は、「自動車や住宅を購入したり、食事をするなど何らかのサービスを受けた対価としてお金を支払う」ものではなく、投資家が単なるパソコンやスマホ上の数字を見て売ったり買ったりすることで成立しているからです。つまり、「株価には安定的な価値基準がない。株価を決めているのは、その時々の個別銘柄に対する人の期待値だ」ということです。

株価は噴水の上に乗っかっている、「期待値」という名のビーチボールのようなものだと考えるとわかりやすいかもしれません。噴水が強ければ、つまり人々の期待する気持ちが強ければ、ビーチボール（株価）は高く舞い上がります。

噴水が弱ければ、つまり人々の期待する気持ちが弱ければ、ビーチボール（株価）は下まで落ちてきます。

多くの人が注目している銘柄は、たとえ業績が芳しくなくても、期待やニュース、人気によって一時的に価格が上昇することがあります。反対に、優良な企業であっても、市場の関心が低ければ株価は伸び悩むことがあります。これが、株式投資が「美人投票」と言われる理由になります。実際の美しさ、つまり企業の実力や価値とは必ずしも一致しないところに、株式投資の難しさがあるのです。

よくあるたとえ話として、株式投資は「美人投票」にたとえられることがあります。これは経済学者のジョン・メイナード・ケインズが提唱した概念で、自分が本当に美しい思う女性を選ぶのではなく、他の投票者が誰を美人と考えて選ぶかを予測して投票するというものです。それと同様に、株式投資も、会社の業績や成長性といった本質的な価値だけではなく、市場全体がその株式をどう評価するかによって株価が決まるということです。

そう考えた場合、「いま注目され始めている銘柄」「いま人気絶好調な銘柄」を見つけるほうが簡単だし、確実ですね。すなわち、株式投資で勝つ秘訣とは、人気が出始めたことを確認してから「買い」、人気が衰えてきたときに「売る」というシンプルな方法に尽きるのです。

しかし、多くの投資家は、「この銘柄は実力がある」とか「自分好みの銘柄だ」などの主観的な判断をしてしまうのです。人それぞれの投資判断基準は千差万別、投資家の数だけ判断基準がある、と言ってよいでしょう。それらたくさんの判断が集約されて株価が形成されているのです。

あなたは、次の2つのどちらの方法を選びますか？　いろいろな投資家の判断基準を考慮して買い付け銘柄を決める。あるいは、株式市場で注目されている銘柄の中から銘柄を選ぶ。当然、後者のほうが簡単ですし確実ですね。

このように、株価が高いか安いかということを考えるときに、株式投資が「美人投票」であるという考え方を理解することで、単に「よい株」を選ぶだけではなく、市場全体で人気があるかどうかを確認し、その波に乗るための視点を持たなければならないということです。

株価を決めるものは、「株を買いたい」「この株で儲けたい」というさまざまな投資家の意欲・欲望の集まり、「思惑の集合体」という得体の知れないものであるということを理解し、人気が出始めたら買い、人気が衰えたら売る、というスタンスが簡単で楽な投資方法なのです。

ただし、「美人投票」にばかり気を取られていると、真の価値に基づいた長期的な投資判断を見失う危険性もあります。市場の一時的な熱狂やトレンドに乗ることは短期的には利益をもたらすかもしれませんが、長期的にはバブル崩壊のリスクや過大評価された銘柄に投資してしまう危険も伴います。

重要なのは、企業の本質的な価値を見極めながらも、市場の動向を冷静に予測するバランスを保つことが大事です。

第7章　リスク管理の重要性

リスク管理の徹底

勝ち組投資家になるために最も大切なことは何でしょうか？　それは、「リスク管理」を徹底することです。リスク管理と聞くと難しそうに感じるかもしれませんが、簡単に言えば、どんな状況でも次の取引ができるように資金を守ることです。たとえ損失が出ても、次のチャンスに備えて資金を残しておくことが、リスク管理の基本です。株式投資では、損失を完全に防ぐことは不可能ですが、損失をコントロールすることはできます。それがリスク管理の本質です。

株式市場で長く生き残るためには、リスク管理が何よりも重要です。実際に成功している投資家は、勝つこと以上に「負けた後にどう立ち直るか」を重視しています。彼らは損失を受け入れ、必要なら損切りを行い、資金を守ることを最優先に考えています。この考え方が、長期的な成功を支えているのです。

勝ち組投資家も、もちろん負けることがあります。それも、初心者や負け組投資家より多くの損失を経験しているかもしれません。しかし、彼らの損失はいつも小さく抑えられています。なぜでしょうか？　それは、リスク管理を徹底しているからです。損失が発生することは避けられない現実ですが、それを最小限に抑える方法を熟知しているのです。

株式投資には、「損をする」という避けられない現実があります。どんなに優れた投資家でも、損失をゼロにすることはできません。しかし、勝ち組投資家は市場の不確実性を受け入れ、あらかじめ決めた損切りの基準を守ります。そして、それを冷静に実行することで、自分の資金を守り続けています。

リスク管理ができる投資家は、「積極的に損切り」を行います。損切りが必要だと判断したときは、ためらうことなく実行します。市場の悪化を理由に自分を正当化したり、次の取引で取り返そうと焦ったりすることもありません。また、根拠のない希望に頼ることもなく、冷静で計画的に行動します。こうした姿勢が、長期的に安定した利益をもたらすのです。

リスク管理を徹底すれば、安心して株式投資を続けられるようになります。どんな状況でも次のチャンスに備えるために、損失を最小限に抑える習慣を身につけましょう。それが勝ち組投資家への第一歩です。

宝くじのリスク

株式投資を始めたばかりの個人投資家の多くは、リスク管理を身につけていません。そのため、株価が自分の予想と反対の方向に動いたとき、損切りをためらうことがよくあります。たとえ状況が悪化する可能性を感じても、自分の判断ミスを認めたくない気持ちが強く、「株価が戻るはず」と願い続けてしまうのです。しかし、株価がさらに大きく下がると、損失は膨れ上がり、最後には耐えきれずに損切りを強いられることになります。

こうして一度の取引で負った損失は、これまでの小さな利益をすべて吹き飛ばしてしまいます。

それだけでなく、「なんとかして損失を取り戻したい」という焦りから、さらに危険な行動に出ることがあります。例えば、証券口座に残っている資金をすべて一度に投入したり、普段なら絶対に手を出さないような状況で取引を始めたりするのです。そして、「今度こそ勝つ」と予想に固執するあまり、またもや損切りのタイミングを逃し、大きな損失を繰り返してしまいます。

こうした投資家の共通点は、株式投資には必ず負けが伴うという現実を理解していないことです。負けを受け入れずに勝つことばかり考えるため、冷静な判断ができなくなり、結果としてさらに深刻な損失を招いてしまうのです。たとえば、宝くじを買うときに全財産を賭けるでしょうか？　そんなことはしませんよね。多くの人は、宝くじが当たる確率が非常に低いことを理解しています。そのため、万が一外れても生活に支障が出ない程度の金額で、夢を買うような気持ちで購入します。この行動自体が「リスク管理」そのものなのです。

しかし、リスク管理を知らない投資家は、あたかも全財産を宝くじにつぎ込むかのように、株式市場での取引をしてしまいます。損をする可能性を考えず、「必ず勝つ」という思い込みで資金を投入するため、少しの負けで大きな打撃を受けてしまうのです。

リスク管理をしない投資家は、すべての取引で勝とうとします。あるいは、心のどこかで「勝つのが当然」と思い込んでいます。その結果、少しの損失を受け入れることができず、損失を膨らませてしまいます。また、欲張りすぎて利益確定のタイミングを逃し、勝ちを伸ばそうとして失敗することもあります。こうしたミスを繰り返すうちに、「一か八か」の賭けに出るようになり、最終的には市場から退場せざるを得なくなることも少なくありません。

この「典型的な敗者」から脱却するためには、株式投資は「負けがあるのが当たり前」であることを認め、大きな負けを避けるために小さな負けを積極的につくること、つまり、リスク管理が必要となるのです。

リスク管理とは何か？

株式投資で成功するためには、リスク管理を正しく理解し、実践することが非常に重要です。リスク管理とは単に「お金の使い方を考えること」だけではありません。それは株式投資全体を支える基盤であり、これを軽視していては成功を目指すことは難しいでしょう。

株式を売買する際、投資家はさまざまな判断を行います。例えば、

・いくら投資するのか
・どれだけの株数を購入するのか
・損失が出たときにどのタイミングで損切りをするのか
・利益を確定するタイミングをどうするのか

これらすべての判断が、リスク管理に深く関わっています。エントリーの方法1つを取っても、リスク管理が求められます。たとえば、成行注文（現在の価格で即座に購入）を選ぶのか、指値注文（自分で指定した価格で購入）を選ぶのかは、資金をどう使うかを左右する重要な選択です。

また、損切りや利食い（利益確定）のタイミングを決めることも、投資全体のリスクとリターンのバランスを考えるうえで欠かせません。これらの判断を積み重ねることで、「どれだけの資金をどのタイミングで投入するか」を決定していくのです。

このように考えると、株式投資はリスク管理そのものであると言えます。株式の売買をするということは、資金をどのように使うかを常に考え、それを管理する行為そのものなのです。

リスク管理を適切に行うかどうかは、投資家自身の選択に委ねられています。よいリスク管理を行えば、損失を最小限に抑えながら利益を追求することができます。一方、ずさんなリスク管理をしてしまうと、たとえ一時的に利益が出ても、最終的には大きな損失を招く可能性が高まります。

しかし、多くの投資家は、リスク管理が投資結果に与える影響を十分に理解していません。自分で決めたエントリーや損切りの判断が、結果として大きな損失を生むことがあるにもかかわらず、それを「運が悪かった」と片づけてしまうことがよくあります。

リスク管理がしっかりしていないと、取引は単なる「運試し」になってしまいます。その結果、たまたま利益が出たとしても、それは一時的なものに過ぎず、長期的には大きな損失につながることがほとんどです。一方、適切な資金管理を実践すれば、リスクを抑えつつ安定した利益を追求することが可能になります。株式投資を成功させるためには、「リスク管理とは株式投資そのものである」と認識することが必要です。投資する際には、必ずリスク管理を意識し、どのように改善していくべきかを考え続けるようにしましょう。

外的ファクターと内的ファクターの理解

株式投資を成功させるためには、外的ファクターと内的ファクターについて理解することがとても重要です。この2つを正しく把握し、それぞれに適切に対処することで、リスクを減らし利益を増やすことが可能になります。

まず、外的ファクターについて考えてみましょう。これは、株式市場全体や経済の動き、政治や国際情勢など、自分ではコントロールできない要因を指します。具体的には、次のようなものが含まれます。

- 株価の変動
- 企業の業績
- 金利や為替の動き
- 政治的な出来事
- 国際的な出来事

これらは、テクニカル分析やファンダメンタル分析を使うことで、ある程度予測や判断が可能です。ただし、外的ファクターは自分で変えることができないため、すべてを正確に予測するのは難しいものです。一方で、内的ファクターは自分でコントロールできる部分を指します。これは、投資家自身の行動や判断、戦略などが該当します。具体的には次のような要素があります。

・どの株に投資するか
・いつ投資を始めるか
・投資に使う資金の割合や株数
・注文方法
・損切りのタイミング
・利益のタイミング

これらの判断は、リスク管理と密接に関わっています。リスク管理とは、損失をできるだけ小さく抑えつつ、利益を最大化するための戦略のことです。言い換えれば、内的ファクターを上手に管理することで、投資の結果を左右することができます。

外的ファクターは自分で変えられないため、それに振り回されると計画が崩れたり大きな損失を招くことがあります。しかし、内的ファクターは自分次第で改善が可能です。たとえば、次のような選択はすべて自分でコントロールできます。

・どれだけのリスクを許容するか
・投資する株数をどの程度にするか
・損切りや利食いのルールをどう設定するか

これらを事前にしっかり考え、行動に移すことで、外的ファクターによる影響を最小限に抑えられます。

株式投資において、適切なリスク管理ができるかどうかが成功の鍵です。売買のすべてのプロセスにおいてリスク管理が必要となります。たとえば、エントリーのタイミングを決めることや、損切りの設定を行うことも、すべてリスク管理の一環です。

リスク管理がしっかりしていれば、外的ファクターの影響を受けても大きな損失を防ぎ、安定した成果を得ることができます。しかし、多くの投資家はリスク管理の重要性を軽視しがちです。テクニカル分析やファンダメンタル分析に偏りがちで、株価の予想に集中するあまり、リスク管理を後回しにしてしまうケースがよく見られます。

「株価は管理できない」ものですが、「リスクは管理できる」ものです。適切なリスク管理を実践することで、結果として利益が自然に残るようになります。どれほど優れた分析を行ったとしても、リスク管理が不十分であれば、最終的に利益を得ることは難しいでしょう。

リスク管理がしっかりしている投資家は、外的ファクターに左右されることなく、安定した成果を得られます。そのため、株式投資におけるリスク管理は、単なる補助的なものではなく、成功への最重要要素であると言えます。

株式投資で成功するためには、外的ファクターに対処するための分析力を磨くことも重要ですが、最終的には内的ファクター、つまりリスク管理を徹底することが必要です。適切なリスク管理を行うことで、予期せぬ市場の変動にも冷静に対応できるようになり、結果的に安定した利益を積み重ねることが可能になります。

株式投資はリスク管理そのものだと言っても過言ではありません。市場の不確実性を乗り越え、長期的な成功を目指すためにも、まずは内的ファクターを正しく理解し、管理するようにしましょう。

リスク管理の4つのポイント

リスク管理において最も重要なポイントは、次の4つです。

①損失許容金額
②勝率
③損切り
④損益率

これらの要素を適切に管理できないと、株式投資で成功するのは難しいです。株でうまくいかない人には、これらの要素に問題がある場合が多く見られます。

リスク管理のポイント①／損失許容金額

この要素が適正でない場合、大きな損失に直面したときにパニックになる可能性があります。これを防ぐためには、あらかじめ最大損失金額を設定しておくことが必要です。

この設定により、損失が発生した際、その金額が自分の許容範囲内であることを確認できます。

結果として、驚くような損失に見舞われることなく、冷静に次の行動を考える余裕が生まれます。

リスク管理のポイント②／勝率

勝率が低い場合は、利益を残すのが難しくなります。

高い勝率を得るためには、自分が得意とする、または優位性のある場面でのみ取引することが大切です。特に、明確な基準があり、自分にとってわかりやすい売買パターンに絞ることで、勝率を高めることができます。いわゆる「勝ちパターン」に従ってエントリーを行うことが、この要素の問題を解決する鍵となります。

リスク管理のポイント③／損切り

損切りを適切に行えないと、損失が膨らむだけでなく、次の投資チャンスを逃してしまいます。この問題を解決するためには、あらかじめ損切りラインを設定し、機械的にロスカットを行うことが重要です。これにより、必要以上に含み損が膨らむことを防ぎ、次のエントリーに資金を確保することが可能となります。損切りは、次のチャンスに備えるための重要な手段なのです。

リスク管理のポイント④／損益率

損益率は、損切りと利益確定のバランスを取るための重要な指標です。この要素を高めるためには、エントリー前に損切り価格を設定し、損失を最小限に抑えつつ、利益を最大化する方法を考えることが求められます。

具体的には、損切りラインが確定しているときにのみエントリーし、損失額よりも利益額が大きくなるように資金を投じることが理想です。これにより、損益率1：1以上を狙った取引が可能となり、リスク管理の効果がより一層発揮されます。

これら4つのポイントを株の売買に取り入れることで、株式市場の不確実性に立ち向かうことができます。

株式投資において、リスク管理はその成否を分ける最も重要な要素です。常にこれらのポイントを意識し、実行することが、長期的に成功するための鍵となります。株式市場では、リスク管理をおろそかにすることは、致命的な結果を招く可能性が高いのです。

この4つのポイントを理解し、日々の取引に適用することで、不確実な市場でも確実に生き残る力を身につけることができるのです。

間違ったリスク管理の考え

リスク管理については、「損失を減らすだけで利益は増やせない」という誤解がよくあります。しかし、これは大きな間違いです。リスク管理は単に消極的な手段ではなく、利益を増やす可能性も秘めた積極的な手法です。

株式投資では、利益と損失は切り離せない関係にあります。リスク管理を行うことで、損失を抑えつつ、利益を最大化することが可能になるのです。リスク管理とは、損失を減らすだけではなく、利益を増やす可能性も含んでいるのです。実は利益を管理することにもつながります。リスク管理を適切に行えば、損失を抑えつつ利益を最大化することができるのです。

株価には上昇と下落があるように、投資にも利益と損失の両方があります。株式投資に限らず、何事もバランスが大事です。大切なのは、リスク管理を通じて、損失と利益の両方を上手にコントロールし、長く安定した成果を目指しましょう。

リスク管理では勝てない？

「リスク管理では勝てない」という考え方は、大きな誤解です。この誤解は、リスク管理と投資手法を別々のものと考えることから生まれています。

しかし、実際にはこの2つは切り離せない関係にあり、どちらか一方だけでは成果を上げることは難しいのです。

どんなに優れた手法であっても、リスク管理がしっかりしていなければ、その手法の力を十分に発揮することはできません。リスク管理が欠けた取引は、単なる株価当てゲームになりがちで、それはギャンブルと同じです。「ここで買って、ここで売る」といった単純な手法だけで損失を無視して取引を続ければ、いずれ大きな失敗を招く可能性が高くなります。

また、市場に出回っている多くの投資ノウハウや商材は、成功例ばかりを取り上げており、資金管理については軽く触れる程度です。もし損失を考えなくてもよいのであれば、大きな利益を狙う手法を考えるのは簡単です。しかし、それでは長期的な成功を収めることはできません。

投資で勝つためには、手法だけでなく、リスク管理を徹底することが必要です。この2つを一体のものと考え、バランスを取りながら運用することで、安定した成果を目指すことができるのです。

コントロールできるか？　できないか？

株式投資において、「コントロールできるもの」と「コントロールできないもの」を正確に理解することは、成功するための重要な第一歩です。私たちがコントロールできるのは自分自身の行動だけであり、株価そのものはコントロールできません。この事実をしっかりと理解することが、リスク管理を正しく実践する土台となります。

株価が上がるか下がるかは誰にも予測できません。「ここで買えば上がるだろう」「このタイミングで売れば大丈夫だ」といった期待やシナリオを立てることはできますが、必ずその通りに動くわけではありません。たとえば、押し目を待っている間に株価がどんどん上がってしまったり、支持線を割れたタイミングで売った後に再び上昇する、といったことは日常茶飯事です。

株価が自分の予想通りに動くのであれば、誰もが勝てるはずです。しかし現実は違います。株価はしばしば私たちの期待を裏切り、予想外の方向に大きく動くことがあります。相場の流れが好調だと思った矢先に急落することもあり、市場はまるで投資家の裏をかくことを楽しんでいるかのようです。このように、株価そのものを私たちが管理することは不可能なのです。

一方で、私たちには自分の行動を管理する力があります。たとえば、利食いや損切りのタイミング、購入する株数、あるいは取引を行うかどうかなど、これらはすべて自分で決められることです。これこそが「リスク管理」の本質です。

リスク管理を徹底すれば、株価の変動を恐れる必要はありません。仮に相場が下落しても、そもそも株を買わなければ損失は発生しませんし、購入したとしても株数を抑えれば損失を最小限に抑えられます。また、事前に損切りラインを設定しておけば、予想外の急落に対応することも可能です。このように、株価を直接コントロールすることはできなくても、それに対する自分の対応をコントロールすることはできるのです。

私たちが本当に恐れているのは、株価の変動ではなく、自分をコントロールできないことです。大きな損失が怖いのではなく、それを避けられない自分の行動や欲望が怖いのです。投資の成功は、自分自身をコントロールする力にかかっています。

株価は誰に対しても平等です。プロの投資家や機関投資家でも、株価を思い通りに動かすことはできません。市場で他の参加者に勝つためには、株価予測の精度を競うのではなく、リスク管理という「自分がコントロールできること」に注力する必要があります。

株式投資において、コントロールできることとできないことを区別することは重要です。たとえば、次のようなものは外的ファクターであり、私たちには管理できません。

・株価の動き
・チャートの形成
・企業業績の変動

これらの要素は市場が決定するものであり、私たちが影響を与えることはできません。しかし、コントロールできる内的ファクター、つまり自分の行動に焦点を当てれば、投資のリスクを大きく軽減することができます。

株価の動きに一喜一憂するのではなく、コントロールできる自分の行動に集中しましょう。損切りラインの設定やポジションサイズの調整、取引の有無を判断する力を養うことが、投資家としての成功につながります。リスク管理を徹底すれば、株式市場において安定して利益を上げることが可能になるのです。

ノウハウではなく、リスク管理を変える

株式投資において重要なのは、「リスク管理」です。リスク管理は、私たちが自分の努力で改善できる唯一の部分です。株価には絶対的な予測ができないため、株価の動きを当てることには限界があります。いくら株価の方向性を予測しようとしても、予想が外れたときに別の方法に手を出す

ことになるだけです。このように、常に方法を変え続けることが「聖杯探し」のようになり、終わりのない旅が始まってしまいます。

聖杯探しを続けている限り、テクニカル分析やファンダメンタル分析など、さまざまな手法を試してもうまくいかないのです。なぜならどんなに優秀なテクニカル分析であれ、どんなに素晴らしいやファンダメンタル分析をしたところで、負けを避けることはできないからです。

このことが理解できない人は、リスク管理の大切さを理解していないのです。株の銘柄選びだけに注力しがちですが、実際にはリスク管理を考慮することが非常に重要です。たとえよい銘柄だと思っても、リスク管理をしっかり行わなければ、取引をしないという選択肢も出てきます。

実際の取引では、株を買う前に「買値」「損切りの値段」「利食いの値段」を設定しておくことが大切です。自分で損失をどこまで許容するかを決め、それに基づいて株数や投資金額を計算することも必要です。

また、損切りと利食いの範囲で損益率がわかり、どの注文方法を選ぶかも戦略の一部です。こうした手法を組み合わせることで、リスクを抑えながら投資を行うことができます。

もし、株式投資でうまくいかないと感じたときには、ノウハウを追い求める前に、まずリスク管理を見直すべきです。リスク管理を学んでいないと、大きな損失を招くことになります。

私たちはいつでも「損切り」を行うことができ、これが悪い流れを変えるチャンスになるということなのです。

あとがき

最後までお読みいただき、ありがとうございました。

本書は、「損切り」の重要性に焦点を当てた、珍しい内容の本です。多くの人が「損切りが大事」と理解していながらも、「損切り」に関する本が少ない理由は、読者の関心が薄く、売れにくいからだと考えられます。

誰もが「儲かる手法」に興味を持ちますが、「損切り」についての本は、どうしても敬遠されがちです。

さらに深刻なのは、「損切り」に関する知識が広まらないことで、個人投資家が大きな損をし続ける状況が続くという現実です。投資情報業界は、初心者投資家がなかなか勝てずに、ノウハウを探し続けることで利益を得ています。

そのため、「損切り」が重要であることは知っていても、それを本気で伝えようとする人が少ないのです。

儲けることより大事なのは株式市場の世界で「生き残ること」です。株式投資をやめずに続けることさえできれば腕を磨くことができ、やめない限りパフォーマンスを改善できる余地は残ります。損をしても株式投資を続けられるぐらいの資金をキープしながら、試行錯誤し、腕を磨いていてほしいと思います。

本書をキッカケに負けるときは小さく、勝つときは大きくできる株式投資を会得し、夢を掴んでいただければ幸いです。

本書を手に取ってくださった方のために、プレゼントをご用意しました。ぜひご覧ください。

https://code.goldtrader1159.com/p/488gts

島野　卓也

Amazon キャンペーン QR コード

著者略歴

島野　卓也（しまの　たくや）

1968年、大阪府生まれ。

28年間、大手証券会社に勤務し、約3000名の顧客に投資コンサルを行う。

その経験を活かし50歳手前で"脱サラトレーダー"として独立。

現在は、自身で株トレードをする傍ら、日本全国に約700名の会員を抱え、株式トレード手法を教える事業も行っている。

株価チャートのマルチタイムフレーム分析をベースに、投資家心理と資金管理を活用した堅いトレード手法は、評価が高く、多くの成功者を生み出している。

株式投資　損したときの処方箋
―勝てる投資家は負け方が上手い　株で勝つための秘密のルール

2024年10月25日 初版発行　2024年11月29日 第2刷発行

著　者　島野　卓也　© Takuya Shimano
発行人　森　忠順
発行所　株式会社 セルバ出版
〒113-0034
東京都文京区湯島1丁目12番6号 高関ビル5B
☎ 03（5812）1178　FAX 03（5812）1188
https://seluba.co.jp/
発　売　株式会社 三省堂書店／創英社
〒101-0051
東京都千代田区神田神保町1丁目1番地
☎ 03（3291）2295　FAX 03（3292）7687

印刷・製本　株式会社 丸井工文社

Printed in JAPAN
ISBN978-4-86367-923-8